中国出版家丛书

ZHONGGUO CHUBANJIA CONGSHU

中国出版家

金灿然

Zhongguo Chubanjia

Jin Canran

柳斌杰 主编　齐浣心 著

人民出版社

出版说明

　　出版不仅仅是一个充满竞争的商业领域，同时，它也深深打上了"文化"和"思想"的印记。在这个文化场域中，交织着多种力量的动态关系，通过出版物的呈现和出版活动的开展，描绘了一个时代的文化风貌；而回旋折冲于其间者，则是那些幕后活跃、台前无闻的各类出版人。他们自喻"为他人做嫁衣裳"，事实上，却是国家文化传承和历史记录的主要担当者，有出版发展的参与人和见证者甚至称他们所起的作用为保存民族记忆的千秋大脑。虽然扼据出版要津之地，却少见自家行当的人物传记出版。本丛书是第一次规模化地为这个群体中的杰出者系列立传，从一个人到一群人的出版事功中，折射出近代以降出版业的俯仰变迁，同时也见证着出版参与时代文化思想缔构及其背后深广的社会历史内容。那些曾经彪炳于时的出版人，一方面安身于这个行业，以其敏锐犀利的时代洞察力，在市场、经营与创意中躬行实践，标领乃至规划了这个行业的发展，并使之成为国民经济的一个重要门类；另一方面又在"安身"之外，显现出面向社会的公共性关怀与"立命"的超越性关怀，从职业而志业的追求中，服务于民族解放、思想启蒙与文化进步的社会性经营，书写了出版人生的风采、风骨与风流。

本丛书所传写的 30 余位出版人，均为活跃于 20 世纪并已过世的出版前辈。中国古代也曾涌现了陈起、毛晋等出版大家，只是未纳入本书的传主范围。丛书在体例上，有单人独传与多人合传之分，但这并不必然意味着对传主出版贡献及其历史地位的轻重判别，许多情况下的数人合传，乃困于传主史料的阙如而不得已的选择，某些重要出版人如大东书局总经理沈骏声、儿童书局创办人张一渠等，也囿于同样情形而未能列入本丛书的传主名单，殊觉憾事。虽说隐身不等于泯灭，但这个行业固有的幕后特征多少带来了出版人身份上的隐而不显、显而不彰。本丛书的出版，固然是想通过对前辈出版事迹的阐幽发微、立传入史，能让同样为人做嫁衣者的当今出版人不至于觉得气类太孤，内心获得温暖，并昭示后来者在人生目标上，在家国情怀上，在出版境界上，追步于前贤，自觉立起一面促人警醒自鉴的镜子；同时更希望通过一个个传主微历史的场景呈现，让更多的人认识到出版在产业之外，更是一项薪火相传的社会文化事业，它对时代文化的接引与外度，使其成为一种任何人都不可忽视的"势力"，在百余年来的社会发展进程中，发挥了不可替代的作用。

故此，我们推出这套"中国出版家丛书"，以展示中国文化创造者的风采，弘扬他们的优良传统和崇高的职业精神，发掘出版史史料，丰富出版史研究和编辑史研究。

"中国出版家丛书"编辑委员会
人民出版社编辑部
二〇一六年四月

目 录

前　言

　　金灿然的一生与新中国出版事业有着不解之缘。自 1938 年奔赴延安投身革命之后不久，他便开始从事编辑、出版工作，直到 1972 年去世，凡 30 余载，占据生命历程的大半。

　　金灿然是新中国出版事业的奠基人之一。新中国成立之初，金灿然即参加组建出版总署的筹备工作，1949 年至 1958 年，在出版总署工作 10 年间，主管全国出版计划、出版物审读、版本收藏以及全国出版业的指导等若干工作，参加、指导人民教育出版社、新华地图社的组建，参与、指导商务印书馆、中华书局、开明书店等出版社的公私合营，为出版单位的成立和制度的完善做了大量工作。

　　金灿然对古籍整理出版工作的开展和推动，起到了重要作用。他的事迹颇具影响，业绩可圈可点，在新中国出版史上留下了浓墨重彩的一笔。他策划、组织出版了大量重点古籍整理图书和重要学术论著，包括点校本"二十四史"、《册府元龟》、《永乐大典》、《全唐诗》、《全宋词》、《全上古三代秦汉三国六朝文》、《太平经合校》、"中国历

史小丛书",以及王国维、岑仲勉、陈垣、于省吾、范希曾等专家的
学术著作。此外,还创办了《文史》、《古籍整理出版情况简报》等
刊物。

金灿然在 20 世纪五六十年代编辑人才奇缺的情况下,通过开办
讲座、以老带新、在高校创办古典文献专业等方式,千方百计培养古
籍整理出版人才,尤其值得称道的是他那别具一格的用人之道。在那
个特殊的历史年代,他为了出版事业的需要,不顾个人风险,顶着压
力,提出"人弃我取、乘时进用"的用人方针,大胆调进、起用一批
"右派分子",以致有人说当时的中华书局成了"右派分子"的"黑窝",
对此,金灿然全然不顾,他说,只要"事业需要"这一条理由就够了,
至于个人得失,就不想那么多了。

金灿然非常尊重知识、尊重人才,在学术界、出版界广交朋友。
其中不乏专家、学者和知名人士,如范文澜、郑振铎、叶圣陶、郭沫
若、陈垣、翦伯赞、侯外庐、吴晗、尹达、翁独健、潘梓年等。在他
周围团结了一大批专家学者,建立起了强大的作者队伍,成为新中国
古籍整理出版事业的中坚力量。

金灿然时刻牢记党的宗旨,坚定出版工作为普通百姓服务的理
念。从他为数不多的文章和讲话中可以看出,他的编辑出版理念十分
清晰,那就是编好书、出好书、一心为读者着想。

金灿然自 1958 年开始,主政中华书局、担任古籍整理出版规划
小组办公室主任 14 年,这 14 年被称为"金灿然时代"——这是我国
古籍整理出版工作快速、全面发展的重要时期,制订规划、出版古
籍、培养人才等方面都取得了显著的成就,形成了新中国第一个古籍
整理出版高峰。

纵观新中国出版历史，金灿然是一个响当当的名字。无论是他的业绩还是他的为人，业界都给予高度评价。中华书局原总编辑李侃说："如果说他（金灿然）还有些业绩留在人间，那就是由于他的苦心经营和孜孜不倦的努力而得以整理出版的一批优秀古籍，和一批被读者喜爱的历史普及读物；那就是他那肝胆照人、光明磊落的正直风格；那就是他那种勤勤恳恳为人民服务的精神。而这些也正是人们怀念他的重要原因。"[1]文物出版社原副总编辑、中华书局原总编室主任俞筱尧说："在我国出版界，金灿然同志的名字是很多人熟悉的。他博学多才，有见解，有魄力，对整理出版古代文化遗产、建设社会主义出版事业的卓越贡献和敬业精神，尤为人们所钦敬。"[2]

抚今追昔，英才已逝，一段传奇，史林绝响。

---

① 李侃：《漫忆金灿然同志》，《读书》1980 年第 2 期。

② 俞筱尧：《金灿然和古籍整理出版》，《出版史料》2008 年第 2 期。

第一章

初涉出版行业

他不高的个子、宽阔的脸庞，他迈着坚实的脚步，心中充满对光明的向往，他将从齐鲁大地一直走向美好的未来。他就是本书主人公，新中国第一代出版家金灿然。

一、走出校园寻找光明

1937 年 7 月 7 日，卢沟桥事变爆发，日本帝国主义开始了全面侵华战争。9 月 3 日，日军侵占北京大学红楼和灰楼新宿舍，中国文学院院长室挂上了日本宪兵队"南队长室"的门牌，地下室也成了宪兵队本部"留置场"（拘留所），青年学生、教授和爱国人士被关押在这里。日军铁蹄横行肆虐，以自由民主为旗帜的北大红楼，变成了关押、残害中国人的人间地狱。

这是红楼历史上最黑暗最耻辱的一天。

金灿然这一年 24 岁，在北京大学历史系就读，刚刚结束大学一年级的课程，正憧憬着美好的未来。然而这一切都被打破了，眼前一片黑暗。

北京大学、清华大学和南开大学紧急决定在长沙组建临时大学，三所大学的学生一路南下奔赴过去。金灿然与他北大历史系的同班同学李婉容、刘景尧、刘庆余、王玉哲、魏奉典等一路同行，他们历经重重险阻，冲破道道封锁线，终于在 10 月 24 日临时大学报名日前赶到了长沙。11 月 1 日，临时大学开学，金灿然在历史社会学系二年级就读，亲炙陈寅恪、钱穆、郑天挺、向达、雷海宗、邵循正、吴晗等专家、教授。当时临时大学还邀请了陈独秀、徐特立到校讲国际形势、介绍延安情况，受到热血青年们的热烈欢迎。金灿然受到他们的影响，作出了一个重要决定，在临时大学继续南迁时没有跟随南下，而是选择投身革命。12 月，金灿然参加位于山西临汾的山西民族革命大学的招生考试，并顺利被录取，从长沙经武汉到临汾继续学习。但很快，1938 年 2 月临汾又被日军占领，金灿然在郁闷气愤之下离开了临汾，和陈实、李炜、戈新、孙哲等人一起①，继续他对光明的找寻。

---

① 俞筱尧：《金灿然和中华书局》，载中华书局编辑部编：《回忆中华书局》，中华书局 1987 年版，第 35 页。

二、奔赴延安参加革命

其实，金灿然要寻找的光明，他心中早就有答案了，那就是延安。那里有共产党，有毛泽东，那是他早就向往的地方。

金灿然 1913 年出生于山东鱼台，从小就见不得地主老财恃强凌弱、剥削欺压百姓之事，年龄稍长，听到许多关于红军和共产党的故事，便对共产党心向往之。在济宁山东省立七中上学时，金灿然是一个聪明、用功、勤于思考的学生，老师、同学对他的评价都很高，高中读书时期酷爱文艺和写作，时有作品在报纸上发表。当时受到共产党的影响，金灿然积极参加学生运动，被国民党当局抓捕关押，一度被学校开除。之后，金灿然在鱼台、聊城、济南等地的小学任教。1935 年 9 月到北平，为了生活，在《华北日报》谋到一个差事——担任校对，他一边做校对一边写作，同时进行大量阅读，为考取大学做准备。1936 年考入北京大学，仍在报馆兼职做校对工作。在北京大学期间，金灿然刻苦读书，然而日军的入侵把他的梦想击得粉碎，但金灿然没有耽于痛苦，而是迈开双脚，朝着心中的目标前进。

1938 年 4 月，金灿然历经千辛万苦和重重艰险，终于辗转到达延安，看到宝塔山的那一刻，他的心情无比激动：啊，终于到家了！

在延安，金灿然很快融入到革命大家庭的战斗、学习、生活中。住的是窑洞，吃的是糙米、野菜，生活条件十分艰苦，但他的精神十分充实，每天心里充满了阳光，总感觉有使不完的劲儿。金灿然最初在瓦窑堡中国人民抗日军政大学一大队学习，1938 年 8 月毕业后，担任抗日军政大学二大队教育干事，同年 9 月，金灿然光荣地加入了中国共产党，他身穿崭新的瓦灰色军装，站在悬挂着镰刀锤头的党旗下，举起右手，庄严宣誓：为共产主义事业奋斗到底。此时，金灿然无比自豪，他终于成为一名真正的无产阶级战士。

三、开始编辑生涯

1940年1月，历史学家范文澜来到延安，很快开辟了延安史学研究的新局面。范文澜担任马列学院历史研究室主任后，第一项举措就是壮大历史研究室规模，金灿然因为有着良好的史学研究背景，被调到历史研究室，从此，真正开始了他的编辑生涯。

（一）编写《中国通史简编》

1940年年初，范文澜带领马列学院历史研究室的谢华、佟冬、尹达、叶蠖生、金灿然、唐国庆等人，开始着手编写一本中国通史，这是毛泽东直接交代给范文澜的任务。

毛泽东历来十分重视学习历史知识，一再号召全党注意研究中国的历史实际和革命实际。1940年前后，党中央正准备在全党整风，肃清"左"倾教条主义思想的影响，毛泽东说："指导一个伟大的革命运动的政党，如果没有革命理论，没有历史知识，没有对于实际运动的深刻的了解，要取得胜利是不可能的。"[①]因此，他号召延安广大

① 毛泽东：《中国共产党在民族战争中的地位》，载《毛泽东选集》第二卷，人民出版社1991年版，第533页。

干部要系统学习中国历史、了解中国历史的发展。在这样的背景下，就需要一套简单明了、史实准确的教材，提供给全党干部学习使用。

然而，中华民族上下五千年的历史，源远流长，光辉灿烂，华夏祖先从茹毛饮血到刀耕火种，从蒙昧逐步走向文明，从奴隶社会到封建社会，历朝历代的更迭，岂是三言五语能说尽的。毛泽东对范文澜、金灿然等编写人员说，一部简明中国历史，对教育干部和群众，让他们了解我国历史，是十分必要的，当然，这件工作也是一件极其困难的工作。

如何对我国历史进行科学的分析、整理，做到简明扼要，一目了然，这成了一道摆在面前的难题。范文澜作为历史研究室主任，将研究室的人员全部召集起来，把中国历史按时期划分，由研究室 7 位成员各自承担一段，写出初稿后由范文澜总其成，统一体例，完善细节，最终定稿。据《中国通史简编》序言记载（1941 年 5 月 25 日），当时具体分工是这样的："参加本书编辑的同仁凡七人：谢华、范文澜分任第一编，佟冬、尹达、范文澜分任第二编，叶蠖生、金灿然、唐国庆、范文澜分任第三编，为了整齐体例，修饰文字，由范文澜氏任总编的责任。"同时，明确了这部著作编写采用白话文体，力求做到明白易懂，区别于当时国民党统治区的一些大学的中国通史类书籍，不再使用文言体写作，不再引用古籍原文，从而更便于广大读者阅读。金灿然当时负责中国通史第三编的编写，即"封建制度社会螺旋式的继续发展到西洋资本主义的侵入——隋统一至清鸦片战争"。

金灿然在承担了《中国通史简编》的编写工作后，对我国历史有了更加系统、深入的思考，为此，他专门写了《中国历史学的简单回顾与展望》一文，刊发在 1941 年 11 月 22 日的《解放日报》上。在编写的过程中，金灿然将自己的思考融入其中，并自觉运用马克思主义唯物史观的史学研究方法。他把整个中国史学史分为三个阶段：封建时代的历史学、资产阶级方法支配下的历史学和唯物史观初步运用下的历史学。金灿然认为封建史学存在三大缺点：第一，他们都为封建统治者辩护；第二，过分注重个人，尤其是帝王将相的丰功伟业、言论行为，忽视广大群众的活动；第三，注重文物制度（上层建筑），忽视食货经济（下层基础）。而资产阶级史学"以精神、心、道等等唯心的观点来说明中国的历史，过分估计了英雄在历史发展中的作用，忽视了'民本'的意义"①。当然，封建史学和资产阶级史学也各有其可取之处，但在唯物史观这个光辉的方法论面前，都已经"黯淡无光，失却了活力"。那么今后研究中国历史的方向何在呢？金灿然在文章中给出了这样的回答："那便在于历史唯物论的中国化，也就是说，运用历史唯物论的基本原则来分析、研究中国固有的历史材料，把历史学带到真正的科学道路上。"②28岁的金灿然发表了这样一篇分量极重的文章，体现出他对中国历史、对马克思主义认真的思考，充分体现出他对马克思主义历史观的活学活用。在编写《中国通史简编》过程中，金灿然自觉地运用了马克思主义唯物史观。

此外，金灿然在编撰过程中，尽力做到较少引用古籍原文，不得不引用时，他就把史书中的原文翻译成白话文，同时做到生动、准确、口语化，便于理解。金灿然本身就具备较深厚的古典文学修养，

① 金灿然：《中国历史学的简单回顾与展望》，载李孝迁编：《中国现代史学评论》，上海古籍出版社 2016 年版，第 262 页。
② 金灿然：《中国历史学的简单回顾与展望》，载李孝迁编：《中国现代史学评论》，上海古籍出版社 2016 年版，第 265 页。

他在遣词造句方面独具风格，一洗教条主义、"洋八股"的积习。

但在编写教材时，最大的困难就是材料的严重缺乏，这一点所有的编写人员都无法回避。金灿然就充分利用自己离开北京大学时随身带来的几本大学教材，每天都要翻若干次，最后书都快被翻烂了。金灿然还尽可能调动自己在北京大学时的记忆，当时课堂上北京大学教授是如何条分缕析、明白晓畅地讲解枯燥的历史的，这种记忆的调动，对金灿然编写这本书起到了很好的作用。

《中国通史简编》编写过程中，毛泽东一直给予密切关注。关于如何写的问题，范文澜曾专门请教过毛泽东。毛泽东不止一次对范文澜说，写中国历史要采取"夹叙夹议"的方法，后来范文澜及整个编写组就是依照毛泽东的意见去做的。由于《中国通史简编》由7人分段编写完成，行文风格并不一致，而且撰稿人员没有集体创作的经验，写出来的初稿与最后的定稿有较大差距，最后由范文澜做了大量工作才得以完成。范文澜对年轻的金灿然非常满意，在统稿过程中采用金灿然写作部分比别人都要多，因此他赞扬金灿然所承担的部分写得最好。这对年轻的金灿然来说，是极大的鼓励和肯定。

最终完成的《中国通史简编》，远远超出原计划的10万字，达到了60万字之多，前两册分别于1941年、1942年在延安先期出版，从观点、体裁到语言文字，与以往任何一种历史教材都有着鲜明的不同，它以崭新的面貌呈现在延安的干部面前，并受到热烈欢迎，解放区各地干部将其视为必读之书。《中国通史简编》后来在重庆《新华日报》上进行连载，得到国民党统治区广大读者，特别是进步青年的肯定，在学者中引起反响，得到赞誉。

抗日战争胜利后，1947年上海新知书店公开出版此书，影响范围更大了，很快便受到国内、国际学术界的重视。这部简编出版后10年间，先后有8种版本刊布，有的合2册为1册，有的进一步简化。至于各版本重印、翻印的次数和发行的册数，已无法准确统计，但由此可见本书出版后风行一时的盛况和广泛的影响。

《中国通史简编》被学术界誉为第一部以马克思主义观点为指导编写的中国历史，在当代中国史学界和学术界产生了很大的影响。

（二）编写《中级国文选》

1941年7月，延安马列学院更名为中共中央研究院，下设9个研究室，金灿然仍在历史研究室从事研究工作。1942年历史研究室制订的三年研究计划中，金灿然被分入民族组，负责民族史的研究。同时他还承担着中国国文选、中级中国史课本和中国近代思想史的研究、编写工作。金灿然认为，从事历史研究和写作、编辑，都是革命工作的重要组成部分，他感到自己肩上的担子很重，这是组织对他的信任，心里无比自豪。他加倍地努力工作，他的研究不断地向深入、系统发展。

当时，党中央已经在延安战斗和生活了7个年头，7年里，延安鲁迅艺术学院、马列学院（中共中央研究院）、延安自然科学院、中国女子大学、八路军军政学院与军事学院等文化研究机构先后成立，《共产党人》、《解放日报》等报刊也先后创办，可见党中央对文化教育和宣传工作十分重视。1942年党中央开展了著名的延安整风运动，对全党和全体干部进行了一次深刻的马克思主义教育。在整风运动前后，毛泽东先后作了《改造我们的学习》、《整顿党的作风》和《反对党八股》等报告，作为整风的指导性文件，号召延安广大军民要不断加强学习。

毛泽东的这些讲话，主要是针对当时党内和干部队伍中存在的主观主义、教条主义和理论脱离实际的作风。毛泽东的论述精辟透彻，论证充实有力，不但在当时整风运动中发挥了重要作用，就是在今天，也有着很强的现实意义。

延安的革命干部虽然战斗、学习的热情高涨，但是文化基础却较差，特别是在社会常识、自然科学知识方面，十分欠缺，不识字的干部不在少数，毛泽东当时即敏锐地指出："这样的人，虽然也能做某些工作，但要做得好是不可能的；虽然也能学到某些革命道理，但要学得好也是不可能的。我们现在有大批聪明忠实但缺乏文化基础的干部，将来也必然还会有大批这类干部，他们急切需要解决文化基础问题，但课本问题迟迟还没有解决。"[1] 为了帮助这些革命干部尽快成长，编写一套适合延安军民的课本，提上了议事日程，毛泽东专门指定时任中共中央研究院副院长兼历史研究室主任的范文澜编写一套国文课本，供延安的工农干部提高文化水平学习之用。

领到毛泽东交办的编写教材任务后，范文澜立刻召集中共中央研究院历史研究室的人员——齐燕铭、金灿然、叶蠖生、佟冬、刘亚生等，商量、确定教材的编选、注释原则等相关事宜。

金灿然当时只有28岁，接到任务后干劲十足，白天，他阅读大量文章，进行挑选；夜晚，他在窑洞里给挑选出来的文章作注释。他常常工作到深夜，一个个寂静的夜里，只有一盏油灯相伴。

---

① 毛泽东：《〈文化课本〉序言》，载《毛泽东文集》第二卷，人民出版社1993年版，第387页。

当时陕甘宁边区被严重封锁，延安军民的生活十分艰苦，吃住都存在很多困难。这些在金灿然看来都不在话下，最让金灿然头疼的依然是编写教材资料的短缺。当时延安的图书基本上都是秘密转运过来的个人的藏书，金灿然就常常从个人手里借来图书，翻阅、选取和参考。教材是针对那些文化水平不高的工农干部编写的，选好的文章必须多加注释。金灿然按照毛泽东"多加注释"的指示，仔细阅读每一篇文章，揣摩着哪些字、词、句，可能让文化水平不高的人理解起来有难度，便有针对性地加以注释。

金灿然每天都工作到很晚，常常饥肠辘辘，在当时生活条件极其艰苦的状况下，每天能够按时吃饭已属不易，如果要加餐，那简直是不敢想象的事情。金灿然和他的战友们把院子里枣树上掉下的枣子收集起来，简单洗洗，晚上在窑洞里用炭火盆加水煮几粒，连枣子带汤一起吃下，就感到十分满足了。

在这样艰苦的条件下，金灿然和其他革命同志夜以继日地工作，选出了《毛泽东的少年时代》、《孙中山的少年时代》、《列宁怎样戒烟》等描写领导人的生活趣事的文章，选出了《西北军生活的片段（1—4)》、《（毛泽东）浏阳遇险》、《八路军新四军讨汪救国通电》等革命战争类的文章，选出了《手和脑》、《科学发明的利用》、《人类的发明和生物的技能》等科学普及知识类的文章，选出了《海上的日出》、《秃的梧桐》等散文类文章。

1942 年，在金灿然和同事们的努力下，教材的编选和注释工作全部完成，这本教材定名为《中级国文选》，共 1 万余字。毛泽东得知这套教材在这么短的时间内便快速完成，非常满意，也十分高兴，他决定亲自为此书作序。在序里，毛泽东专门强调了干部学习文化的重要性，并称赞此套教材的出版是一大胜利，还专门提及了编写此书的范文澜等诸同志功不可没。最后，毛泽东写道："文化课本的出版，是广大干部的福音，我相信，我们大群的干部会以极大的热忱来欢迎这个课本的。"

1942 年 3 月，《中级国文选》由新华书店出版并发行。次年 5 月，又出版发行了订正版《中级国文选》。这本教材，在当时对提高干部、战士文化素质和文化水平起到了十分重要的作用。

四、任绥南宣传部长

1945 年 8 月 15 日，日本宣布投降，我国抗日战争取得胜利。中国共产党领导下的八路军、新四军迅速收复日占失地，并提出"全国战略方针是向北发展，向南防御"、"完全控制热、察两省"，把控制内蒙古地区作为实现战略意图的重要目标。此时傅作义率领国民党军队抢夺了八路军已解放的绥蒙的丰镇、兴和等多地。针对国民党的行径，中国共产党领导下的晋察冀军区发出《绥东战役命令》，中共中央发出《对平绥战役意义之指示》，晋察冀、晋绥军区坚决打击傅作义的进攻。

在这样的形势下，绥蒙地区的形势异常复杂，中国共产党为了加强领导，成立了中共绥蒙区委员会，高克林任书记，乌兰夫、张达志等为委员，同时还从延安派去大量的党员干部开展工作，金灿然在党需要的时刻，义不容辞地离开延安奔赴新的工作岗位。经陕西甘谷驿、延长、延川、清涧、绥德等地，在佳县的碛口东渡黄河，又经山西的兴县、岢岚、五寨县抵达当时绥蒙党委、政府所在地偏关。

金灿然在 1945 年的日记中有这样的记载：

十一月十三日晴。七年来第一次离开延安，有些高兴，也有些留恋。行四十里。

十四日晴。行五十里。

二十四日大雪。行卅里，翻一大山，过佳县碛口。自此已入山西境了。我是三八年初由晋入陕的，匆匆已七年矣。

从金灿然的日记能够看出，他离开延安时对革命圣地的留恋和不畏艰苦迎接新任务的勇气。历经千辛万苦，金灿然来到目的地绥南地委。当时绥南地委刚刚组建，金灿然担任宣传部长。绥南地委的其他成员分别是书记张毅忱、副书记兼组织部长高铭卿、敌工部长郑天翔。

在担任绥南地委宣传部长期间，金灿然通过报纸、文艺、标语、歌谣、诗歌、板报等形式，开展了具体的宣传工作，宣传中国共产党的政策、自卫反击战、动员群众支前等，这些工作一方面瓦解了国民党军队意志、提高了群众的政治觉悟，另一方面贯彻了中国共产党的政策、提高了党员干部的素质。金灿然在工作中，积累了丰富的斗争、宣传经验。

金灿然工作十分认真，每一项工作都注意积累、总结经验和自我剖析。内蒙古自治区档案馆藏有一份档案《金灿然向苏部长汇报宣传工作情况》（档案号：3—1—261），这份档案没有标明日期，但应在 1945—1948 年间，苏部长即苏谦益，时任绥蒙区党委副书记、宣传部长，随后担任绥远省军政委员会委员等职。

金灿然在这个汇报中说，对傅（作义）宣传，由于上级发放的宣传小册子，多是关于蒋介石和阎锡山的，离绥蒙地区的实际情况比较远，不能引起百姓的重视和共鸣，宣传效果不明显。但是，绥蒙地区的宣传部，没有依靠自身的实际重新编纂宣传册，而是寄希望于上级多分发一些关于傅作义的宣传品或者宣传材料，结果导致中共在绥蒙地区的宣传工作太一般化，不深入。

在绥蒙区完成了革命宣传任务后，金灿然于 1948 年到中共中央宣传部工作。1949 年 4 月，华北人民政府教科书编审委员会成立，叶圣陶任主任委员，金灿然与傅彬然、宋云彬、王子野等人担任委员，直至中华人民共和国成立。

第二章

任职出版管理部门

中华人民共和国成立前，金灿然积极地为首届中央人民政府的成立做准备，主要参与出版行业方面的工作，这期间他任职的部门较多，相互交叉，工作繁杂而重要。

中华人民共和国成立后，金灿然因为具有较为丰富的宣传、出版经验，一直在党的喉舌部门工作，在中华人民共和国出版史上，书写了浓墨重彩的篇章。

一、接收南京编译馆

1949年2月22日中宣部出版委员会成立，设出版处、厂务处、秘书室、会计室4个部门。出版委员会的工作人员由两部分组成，一部分来自解放区工农出身的干部，一部分来自国民党统治区知识分子出身的三联书店干部。金灿然就是解放区干部，既对党忠诚，又有工作经验，是中宣部出版委员会骨干力量的代表。当时出版委员会本部有职工87人，其中共产党员36人。

出版委员会成立之后，参加北平、天津的出版接管工作，同时还派出部分干部南下参加南京、上海的接管工作，其中包括对南京编译馆等文化机构的重要档案、书籍等进行接收，保护了大量珍贵的历史资料。

1948年，随着解放战争节节胜利，各省区陆续解放。南京由中国共产党接管后，南京军管会发出了统一接管方案，第一步，派出军事代表宣布接管，封存档案材料，责成原机关主管人员造具财产清册、负责办理移交；同时干部分头了解情况，搜集资料，宣传解释政策，召开职工会议，安定群众情绪。第二步，经过动员酝酿，各按系统，通过群众路线进行清点移交，有问题的单位必要时进行重点清查；然后处理安置原有人员，恢复业务和生产，转入常规的管理阶段。经过以上充分的准备，中国共产党对南京进行了全面接管。

1949年5月24日，南京军管会发布收集档案、文件、书籍、史料等的规定。由于南京的情况比较复杂，存留档案材料数量很多，当时南京军管会接收任务时间紧、任务重，工作量巨大，加之有的机关、接管人员不了解书籍、档案、文件类材料的情况，认识不到其价值的重要性，因此在处理过程中未予高度重视，对一些重要资料不仅未加检查清理，甚至还视其为废纸，随意撕毁扯散，造成较大损失。针对这种情况，10 月 27 日，刘伯承、粟裕、唐亮再次签署中国人民解放军南京市军事管制委员会通令，要求南京市各机关部队，必须遵照执行："一、凡机关部队所在地内之公文、档案、文书、账册及各项图表、相片、模型等片纸、只字，均须一律加以切实保护，不得丝毫破坏，并在全体干部、战士及工作人员中均须具体说明理由进行教育，并以命令执行。二、凡本市各级接收机关团体应各按系统，将已接收之档案种类数字及保管人员接收初步情况，于令到三日内，先行简报本会，然后继续清理，并将清理情况与结果具报本会，听候处理办法。三、各机关部队驻地如发现不属于本单位之档案、卷宗及各种材料以及无人管理之档案，无论其现在残破情况如何，切勿使其散失，应一面妥为保存，一面迅速报告本会以便派员接收清理。四、各机关立即组织力量，进行检查，在清理档案时应利用原有保管档案人员，配备一定干部加以领导，进行清理，把这一工作看做保护人民祖国财产重要部分之一，认真进行。"①

正是在这种情况下，1949 年 11 月 5 日的出版总署第一次署务会决定，"由金灿然同志前往参加接收国立编译馆工作"②。1932 年 6 月成立的国立编译馆，隶属于国民政府教育部，其主要工作为促进科学教育，编审、翻译学术著作和中小学教科书，整理历代文献等，后增设出版委员会、社会教育用书编辑委员会等，是国民政府时期我国教

---

①、南京市地方志编纂委员会、南京市档案志编纂委员会编：《南京档案志》，方志出版社 1996 年版，第 219 页。

② 《出版总署第一次署务汇报》，载中国出版科学研究所、中央档案馆编：《中华人民共和国出版史料 1》，中国书籍出版社 1995 年版，第 489 页。

科书编辑审定及出版业管理机构。① 因此，国立编译馆存有大量外籍图书、本版图书及相关档案、资料，资料性、专业性都很强。中国人民解放军南京市军事管制委员会负责接管工作，但从业务范围来说，教科书编辑审定及出版业管理方面的档案、材料、文书对口的接收单位应该是出版总署。

12 月初，金灿然赶到南京，顾不上休息，立即着手对编译馆的档案、图书及物品逐一进行清点，分门别类运往北京或留在当地分头登记造册。要带走的书籍、档案和物品如打字机、油印机、收音机、文具纸张、工具等装箱，并安排运送事宜。不带走的档案、物品等予以登记、安排存放和保管。

经过细致清理后，金灿然向出版总署汇报情况，汇报信中写道："我计划带 4 万册图书，约可装 100 箱。"② 这 100 多箱决定运往北京的图书，大体上有 7 类：1. 中、西、日文版的工具书；2. 关于自然科学、应用技术的及名著的西文书；3. 近代出版的有些价值的平装书；4. 地方戏本及连环画；5. 贵重的线装书；6. 选两种比较有参考价值的杂志；7. 有价值的日文书；此外，自编书和一般的报纸、杂志就地留存。③ 需要运往北京的物品、档案、资料和图书共计 100 多箱，可足足装一车皮。不准备带回北京的书籍，则暂时存在南京，但整理登记的书

① 中国第二历史档案馆、《中国抗日战争大辞典》编写组：《中国抗日战争大辞典》，湖北教育出版社 1995 年版，第 431 页。

② 《金灿然关于将接收南京伪编译馆的存稿、图书、档案等运京给出版总署负责人的信》，载中国出版科学研究所、中央档案馆编：《中华人民共和国出版史料 2》，中国书籍出版社 1995 年版，第 6 页。

③ 《金灿然关于将接收南京伪编译馆的存稿、图书、档案等运京给出版总署负责人的信》，载中国出版科学研究所、中央档案馆编：《中华人民共和国出版史料 2》，中国书籍出版社 1995 年版，第 6 页。

目卡片带回，并明确了这些图书"所有权仍归我们，将来再研究处理办法"①。没有带回的档案现全部存于南京市中山东路309号中国第二历史档案馆。

由金灿然接收的南京编译馆的图书，运回北京后全部存放于中央人民政府出版总署图书馆。总署图书馆发展壮大很快，时任中央人民政府出版总署署长胡愈之根据实际情况，提议创建中国版本图书馆。经过半年时间的筹备，中国版本图书馆于1950年7月1日成立。金灿然具体负责主抓图书的馆藏和管理工作，发出通知，向全国国营、公私合营、私营出版单位征集1949年10月1日后印行的初版、重版图书和期刊样本，并接收了原南京编译馆的全部藏书，成为最早的馆藏。

此外，带回北京的存稿中有许多自然科学和教育、卫生方面的小册子，还有一些历史方面的旧著，金灿然打算将来修改、整理出版，于是他向出版总署提出建议："大部头著作中关于应用科学的科学名辞以及学术价值较高的（如孟岑的罗马史，约120万字）审查一下也许可以出版"②，"隋树森的世界大事年表已看到，要出版还需要花很大力量修改（如关于农民战争的、民族斗争的条文，观点多不正确，近代史的根本要重编，权贵事件记得多一些等等）"③。

———————————

① 《金灿然关于将接收南京伪编译馆的存稿、图书、档案等运京给出版总署负责人的信》，载中国出版科学研究所、中央档案馆编：《中华人民共和国出版史料2》，中国书籍出版社1995年版，第6页。

② 《金灿然关于将接收南京伪编译馆的存稿、图书、档案等运京给出版总署负责人的信》，载中国出版科学研究所、中央档案馆编：《中华人民共和国出版史料2》，中国书籍出版社1995年版，第6页。

③ 《金灿然关于将接收南京伪编译馆的存稿、图书、档案等运京给出版总署负责人的信》，载中国出版科学研究所、中央档案馆编：《中华人民共和国出版史料2》，中国书籍出版社1995年版，第7页。

这些工作就绪后，金灿然将他在南京接收编译馆的情况，专门致函出版总署三位署长胡愈之、叶圣陶、周建人，及总署办公厅正副主任胡绳、徐伯昕。出版总署对金灿然的工作十分满意，并责成出版总署办公厅于 1950 年 1 月 7 日回复了金灿然，予以肯定和鼓励。

对运回北京书稿、档案等的处理，有人认为这些东西价值不大，应予销毁，有人认为有史料价值，应予保留。针对此事，出版总署署长胡愈之曾专门致信金灿然，信中写道："我想我们图书馆既然名曰版本图书馆，而不是公开阅览的，则除新出版以外，以下各项亦在保管之列，即：1.各种稿本（特别是著名作家的稿本，出版后仍可搜集保存）凡有历史参考价值均应保存；2.被查禁及停售的反动有毒书籍的样本；3.名贵美术的图片及所制成铜锌版珂罗版；4.外国出版物的精装本的样本，我们考虑图书馆的工作制度时，似不妨加以研究。总之，作为国家机关，似应作长远的打算和全面的估计。"[①]具体处理办法，胡愈之也在信中专门写道：

（一）所有接管的文件书稿，除了曾经出版又无任何参考价值者可以销毁外，应一律分类编目，由图书馆保存。此项目应注明书稿内容及来源。存稿目录编成后，可打印若干份，分送北京图书馆、科学院、公营出版社及其他有关机关。他们收到目录，如认为其中某些稿本有需要参考或出版的，可以向我署备用或移转。但别的机关并未提出要求者，则仍由图书馆保存，备用稿移

[①] 《胡愈之关于处理伪编译馆、正中书局稿件等的意见给金灿然的信》，载中国出版科学研究所、中央档案馆编：《中华人民共和国出版史料4》，中国书籍出版社 1998 年版，第 69 页。

转并须经我署同意。

（二）图书馆因人力不足，目前不能专辟一部分，担任稿本保管，但必须指定一专人，负责此项工作。目前先进行编目，则可请隋、陈、施三同志协助。既有专人办理，以后并可通知各公营出版社，如不出版而值得保存的稿本，一律缴送图书馆。

（三）私人著作稿本（未出版者）不论版税稿或版权稿一律暂由图书馆保存。但编目后应进行检查，如著作人其人尚在，而又非反动分子，则可用书面通知，告以稿本现存我署，如愿取回，则可向我署申请，由我署核发。即使是版权稿，如作者可以废物利用仍应发还（我同意叶副署长意见）。反之，稿本内容有害者，即使是版税稿，亦不应让作者再行出版，发还与否主动权应操于政府手中才好。

（四）关于纸型处理，同意所拟四条办法。有一些插图铜锌版如华东人民出版社没有用处而其内容珍贵者，应缴送我署。

以上办法是否妥当，请你考虑，并商陈副署长及伏老作最后决定。①

金灿然遵照胡愈之意见，把这批珍贵的图书、档案，运回出版总署并拆箱上架。对此，图书馆学专家王重民看到后曾这样评价：这些书要保管好，以后搜集这些书越来越难了。

---

① 《胡愈之关于处理伪编译馆、正中书局稿件等的意见给金灿然的信》，载中国出版科学研究所、中央档案馆编：《中华人民共和国出版史料4》，中国书籍出版社1998年版，第70页。

二、任职教科书编审委员会

1949 年初，傅作义在中国共产党提出的《关于和平解决北平问题的协议》上签字，宣布北平城内国民党守军接受和平改编，随后陆续撤出市区，人民解放军进入北平城，接管一切防务，北平和平解放。百废待兴之时，经济、文化建设急需步入正轨，党中央及时提出中小学要"维持现状，立即开学"，而此时国民党统治时期的旧教科书已不再适合使用，迫切需要一套适应新中国教育的中小学教科书。针对这种情况，1949 年 4 月 8 日，华北人民政府教育部教科书编审委员会成立。

这个机构是为即将成立的中央人民政府教科书编审机构做准备的，主任委员由叶圣陶担任。1949 年 1 月，叶圣陶与夫人胡墨林辗转从香港北上来到北平，立即投入到筹建和开创新中国教育出版事业的工作之中。副主任委员则由周建人和胡绳二人担任，金灿然和蒋仲仁、傅彬然、宋云彬、朱文叔、孙起孟、叶蠖生、王子野、孟超、丁晓先等人为教科书编审委员会委员，参加教科书编审委员会的工作。

金灿然自此与叶圣陶结识，并肩在出版战线工作，成为一生的革命战友。

编审委员会成立后，即着手审订老解放区和国民党统治区的中小学课本，编制全国范围内使用的新版教科书。叶圣陶十分重视这项工作，在教科书编审委员会的一次会议上他曾激动地说："解放军打到哪里，教科书送到哪里！"金灿然深受这种情绪的感染，怀着一颗赤诚之心，忘我地工作，与同人们为编制一流教科书作出贡献。

从 1949 年 4 月至 1950 年 12 月的一年多时间里，金灿然在叶圣陶负责的华北人民政府教科书编审委员会，即后来的中央人民政府教科书编审委员会，废寝忘食地工作，与领导、同事们一起编制出了一套可供新解放区临时使用的中小学教科书，并在此基础上开始编制新中国第一套通用中小学教科书。1949 年 11 月 1 日，中央人民政府教科书编审委员会并入国家出版总署。1950 年，出版总署（教科书编审委员会）与教育部联合发出《一九五零年秋季中小学教科用书表》，解决了各地中小学教科书版本不一、供应紊乱等问题，同时对教科书减低和划一售价、供应办法等作出了规定，这批教科书于 1951 年秋季正式投入使用。这些工作为后来人民教育出版社的正式组建、为新中国教育出版事业的真正起步打下了坚实的基础。

三、任职中央人民政府出版总署

1949 年 10 月 19 日，中央人民政府委员会第三次会议任命胡乔木为新闻总署署长，胡愈之为出版总署署长。11 月 1 日，中央人民政府出版总署正式成立，由原来的华北人民政府教科书编审委员会与中央宣传部出版委员会、新华书店编辑部三个单位合并组成，负责指导和管理全国出版事业。出版总署为国家领导出版工作的最高行政机关，主管建立及经营出版、印刷、发行事业，管理出版物的编辑、翻译及审订工作，联系、指导全国各方面的翻译出版工作，调整国营、公私合营及私营出版事业的相互关系等。叶圣陶担任副署长兼编审局局长，周建人担任副署长兼编审局副局长。金灿然任职于出版总署编审局，先后担任秘书主任、办公室主任、图书期刊司副司长、出版局局长等职。

合三为一的出版总署的干部由两部分人员组成，一部分和金灿然一样来自解放区，另一部分则来自国统区从事出版工作的人员，两部分人员之间从工作理念到工作方式，都有着较大的差异，增加了工作的复杂性。

中央人民政府出版总署的办公地点位于北京市东城区东总布胡同10号院，这是一个有历史、有故事的院落。这里曾是北洋政府时期的俄文专修馆，1917年瞿秋白在这里学习工作，并将这里建成美术专科学校。

10号院的最南边，是一排砖瓦结构的平房，房屋之间有绿色游廊相连，没有游廊连接的平房又各自形成小院落；大院的中间比较广阔，房屋建筑的式样也较多样。东北部是幢二层小楼，出版总署署长胡愈之，副署长叶圣陶、周建人三位领导的办公室就在这幢二层楼里，楼前有方砖铺地，并建有花坛，花坛里种着一种叫太平花的植物，周围环绕着一片绿色的灌木丛。金灿然和他的同事傅彬然、章锡琛、黄洛峰、楼适夷、张静庐、高尔松、王仿子、张璿（张中行）、王益等也在这幢小楼里工作。

出版总署刚刚成立不久，工作繁杂，人才奇缺，尤其是文化宣传战线人才更缺。针对这种情况，出版总署决定，在培养新型人才的同时，还需要团结旧知识分子，充分调动他们的积极性，发挥他们的作用。

鲁迅的弟弟周作人，曾任北京大学教授，是著名作家、诗人、思想家、翻译家，中国民俗学的开拓者，新文化运动的代表人物。曾与鲁迅、林语堂等人创办《语丝》周刊，并担任主编和主要撰稿人。新中国成立后由于历史原因，一度"赋闲"在家。

周作人是出版总署副署长周建人的哥哥。因一些具体原因，兄弟俩长期不睦。宋云彬在 1950 年 1 月 23 日的日记中对此事亦有记载："圣陶今日偕同金灿然、周建人访周作人。"当时周建人与周作人已多年不相往来，叶圣陶当日日记中写道："（两兄弟）似因家庭事故不睦。"而任职出版总署副署长的周建人来京任职差不多已有一整年，但从未到西城区八道湾胡同的旧居去看望哥哥周作人。此次周建人能够"勉一往"，可以说是金灿然的功劳。团结旧知识分子，利用社会上闲散的有写作、翻译特长的旧知识分子宣传党的纲领、政策是当时出版总署工作重点之一，周作人虽然有历史污点，但仍然属于可以团结的对象。金灿然认为周作人正是应该团结的旧知识分子的代表，应该调动发挥他的积极作用，便向两位副署长汇报了周作人的情况，并建议前往周作人的住处探望。而周建人是极不愿意前往的，对他的说服工作很艰难，金灿然便强调此事为"公务"，并且是一件极其重要的"公务"，最后终于说服了周建人。

1950 年 1 月，春节前夕，时任出版总署秘书主任的金灿然，与叶圣陶、周建人一同到八道湾胡同看望周作人，周作人很高兴。他们进一步请周作人翻译外国文学作品，并具体落实了《伊索寓言》一书，并承诺，待翻译完成后由人民文学出版社出版。这是中华人民共和国成立初期出版总署落实对旧知识分子政策的一项举措。

周作人接受任务后，根据希腊文和法文译本，经过努力，完成了《伊索寓言》的翻译，并于 1955 年由人民文学出版社印行。从翻译《伊索寓言》开始，周作人的翻译工作便逐步展开，开启了他的文学翻译生涯，并取得了很大成绩，到 1966 年，他翻译了近 400 万字的外国文学作品。周作人本人非常看重晚年翻译的希腊文学作品，在自己的日记和书信中多次提及，1965 年 4 月 26 日他在遗嘱中专门写道："余一生文字无足称道，唯暮年所译希腊神话是五十年来的心愿，识者自当知之。"周作人的翻译工作始于金灿然与两位副署长的拜访，实际上是得到了总署的大力支持，可以在出版社按月预支翻译稿酬。1951 年年初，周作人就此事专门写了一封长信给毛泽东主席，提到自己当时已在翻译欧洲古典文学，生活主要依靠赚取稿费，同时表态以后仍可在这方面做些工作。毛泽东还专门对这封信作了批示。

中华人民共和国成立初期，金灿然在中小学教材出版方面也作出了较大贡献。当时老解放区已出版过几种中学地理教本，但内容上存在许多问题，与新形势不相适应。当时我国各省中学地理教学大多采用中华人民共和国成立前国民党统治区私营书店所出版的教材，但这显然与新中国教育是不相符的。为了解决这个问题，出版总署编审局在 1950 年春天，提出供各省、地的学校参考选用的教科书书目，在中学地理科目中，列入了商务印书馆、开明书店的几种版本的地理教科书。这几种版本的教科书在新中国成立后都由出版者组织修订过，尽管如此，仍旧存在着许多原则性的重大缺欠。出版总署编审局发现这个问题后，为避免错误的蔓延，责成金灿然代表出版总署写成《中学地理教本中的几个政治思想问题》一文，发表在 1950 年 5 月 3 日《人民日报》上，之后《新华日报》、《河北教育》、《云南文教》等报刊分别转载。这篇文章的主要内容，一是检讨出版总署由于工作不细、把关不严、草率推荐几种存在问题的地理教科书的错误；二是希望各地采用王成组的《复兴高中本国地理》、田世英的《开明初级本国地理》、韦息予的《开明初级外国地理》三种地理教本或采用其他旧地理教本的教师，批判地使用旧教本。金灿然在文章中就教科书存在的问题，作了具体分析，并指出：如选用这三种教本，务必从两个阵营、中苏友好、民族平等、经济建设、地理环境与人口问题、选用材料等方面加以分析讲授，以澄清是非和正误。

新中国成立初期，图书出版尚未完全步入正轨，各出版社出版的图书从选题到质量良莠不齐，为推动出版事业健康、有序发展，对出版的图书进行介绍和评论是有必要的。当时出版总署很重视书评工作，推出了由总署编审局编辑的《图书评论》，1950年4月创刊，每隔两周在《人民日报》刊出一期，金灿然被任命兼任《图书评论》的主编。《图书评论》是新中国成立后报纸中最早创刊的一个书评专刊。

经过短暂的前期准备工作，4月5日《人民日报》第6版正式推出《图书评论》，这一期《图书评论》刊有发刊词和征稿启事，还有《评几本辞典》、《反对滥印文集》和《评初中国文第四册》3篇文章。《图书评论》出版后，很快引起广大读者和出版工作者的关注。金灿然还专门为《图书评论》撰写文章，除上文提到的《中学地理教本中的几个政治思想问题》外，还有5月17日刊发的《反对对人民不负责任的出版者——评"时代百科小丛书"》等。《反对对人民不负责任的出版者——评"时代百科小丛书"》一文特别具有针对性和现实意义。新中国成立之初，出版总署对此前的出版单位区别性质，采取不同的政策，民营出版社及非全部官僚资本经营的书店、出版社，允许他们继续营业，如开明书店、世界书局等，商务印书馆和中华书局也在此列。这些出版单位可以自由出版、销售书籍，不需审查。在这种宽松的政策下，有个别出版单位出版了一些学术水准不高、存在思想错误的书籍，为扭转这种不良的出版风气，金灿然撰写了这篇文章。当时上海时代书局出版的"时代百科小丛书"，部分地满足了读者日益增长的对历史文化知识等方面的需求，已形成一定规模，在社会上影响比较大，如果导向不正确，将对广大读者产生不良影响。金灿然就以它为例，从荒谬的思想、错误的历史和校勘记3个方面展开论述，指出"这些小册子的作者和出版者十分缺乏对人民负责的精神，丝毫没有革命的文化工作者应有的严肃态度"，提出了"反对对人民不负责任的出版者"的鲜明主张。金灿然这篇文章的发表，为整个行业的出版导向敲响了警钟，对端正出版业的出书态度具有极大的现实意义。

金灿然在出版总署工作的这段时间很幸运地参与了《毛泽东选集》的首次出版印刷。1951年10月12日，中共中央毛泽东选集出版委员会主持编辑的《毛泽东选集》第一卷，由人民出版社正式出版，首次印刷65万册，由全国各地新华书店同时发行，这一天被定为《毛泽东选集》的出版日期。《毛泽东选集》第一卷收录了毛泽东从1926年以来在中国共产党所经历的5个历史时期的重要著作，按照著作时间先后进行编辑。选集中的各篇文章，都经过毛泽东同志本人的校阅，并由选集出版委员会作了一些题解和注释。《毛泽东选集》第一卷的出版，满足了当时全国人民学习毛泽东著作，把毛泽东思想运用于社会主义建设中的热切需要。《毛泽东选集》的出版，是全国人民的大事，具有划时代的重大意义。金灿然当时是出版总署图书期刊司副司长，他感到自己能够参与这项工作，十分荣幸，坚决把这项工作抓紧抓好。他起早贪黑，深入印刷厂，监督检查印刷装帧的每一个环节，以保证出版质量。10月10日，《毛泽东选集》的印刷工作接近尾声，金灿然到出版总署副署长叶圣陶的办公室，对叶圣陶说：《毛泽东选集》定于后天正式出版，这是一件大事，我们出版总署该以怎样的方式庆祝一下呢？叶圣陶当即找来出版总署的几位领导，开了个会，对此事进行认真研究，最后决定，召集参与《毛泽东选集》的出版工作者和部分群众代表召开一个座谈会。10月12日，《毛泽东选集》出版委员会的田家英，出版总署、人民出版社、新华书店、北京新华印刷厂的同志，还有《毛泽东选集》出版印刷发行工作委员会的13位同志出席了这次庆祝会，会场很庄严隆重，横幅上面写着"毛泽东选集出版庆祝会"几个金光闪闪的大字。出版总署署长胡愈之在会上讲话。关于《毛泽东选集》出版庆祝会的召开，副署长叶圣陶在日记中有专门记载："十日（星期三）。下午，灿然言《毛泽东选集》定于后日正式出版，此是一大事件，宜为庆祝。经数人共商，决定开一小型之会，凡参加其书之出版工作者与会，共论出版此书方面之事，亦复有提高出版物质量之用意。"[①]

四、任职人民教育出版社和新华地图社

1950年9月，中央人民政府出版总署召开第一届全国出版会议，为了加强中小学教材管理，会议决定组建人民教育出版社，并责成由中央人民政府教育部和出版总署共同筹建。同年12月1日，人民教育出版社正式成立，社名由毛泽东主席亲笔题写，可见党和国家对人民教育出版社的重视。

---

① 叶至善、叶至美、叶至诚编：《叶圣陶集》第二十二卷，江苏教育出版社1994年版，第239页；王仿子：《出版委员会与〈毛泽东选集〉》，《党的文献》1996年第3期。

人民教育出版社社址位于北京东总布胡同 10 号。社长、总编辑由出版总署副署长叶圣陶兼任，金灿然任副总编辑兼秘书长和社务委员会委员。金灿然在人民教育出版社任职期间，在叶圣陶领导下，与社务委员会其他成员及出版社的全体同人共同努力，承担起 1951 年春季我国华北、华东地区中小学教科书生产印刷的任务，并向全国其他地区统一供应纸型，由各地新华书店分区印刷、发行。他们所承担供型、印制的教材达 35 种共数千万册，及时满足了新中国成立初期各地中小学校对教材的需求。

20 世纪 50 年代初，全国交通尚不发达，由于物流条件的限制，大批的教材从北京运往全国各地难度非常大。为了解决这个问题，保证开学前每位学生都能及时拿到教科书，金灿然跟大家一起出主意，最后采取"租型"的办法，有效地解决了这个难题。

1952 年 7 月，金灿然已担任出版总署出版管理局副局长，他在人民教育出版社牵头召开的第二届全国教科书出版会议上，代表出版总署作了《关于教科书出版的经营和定价问题》[1] 的报告，在报告中明确了人民教育出版社与地方出版社的分工，以及二者在中小学教科书供应工作上的关系，并就"租型"问题做了说明，他指出：人民教育出版社负责制定大陆教科书造货与供应计划，各地出版社需要与人民教育出版社订立租型合同，在定价方面与人民教育出版社保持一致。这是新中国成立后，我国中小学教材最初的"租型"模式，具体办法是人民教育出版社向地方出版单位按合理需要供给纸型、铜锌版及样书，地方出版社则根据人民教育出版社提出

---

[1] 中国出版科学研究所、中央档案馆编：《中华人民共和国出版史料 4》，中国书籍出版社 1998 年版，第 132 页。

的造货计划和责任范围印刷出版教科书，保证版本、定价与人民教育出版社一致，达到人民教育出版社的要求；地方提供教材所需要制版的数量，与人民教育出版社订立租型合同，按合同要求缴纳租型费。从这时起，人民教育出版社在中小学教材供应方面确立起了出版流程和优势，租型也成为相当长一段时间内我国中小学教科书供应的一种模式。

"租型"是我国在计划经济时代所特有的产物，受历史条件所限，存在着一些不完善的地方，但在当时历史条件下，在加强教材管理、保证教材质量和方便运输等方面起到了非常重要的作用，及时满足了当时全国中小学对教材用书的迫切需求。

金灿然在报告中还专门就中小学教科书的经营办法的两点改进、农民课本以分区经营造货定价的原因等方面，结合农民扫盲的实际情况，各地区的实际情况，用翔实的数据、具体的调研，做了专门说明。

金灿然在担任出版总署出版局副局长期间，还曾兼任新华地图社总编辑。1953 年 3 月，新华地图社从南京迁到北京，这是我国第一个公开编制出版地图的专业出版社，社址在北京市朝阳门外杜家楼 14 号，社名由出版总署副署长叶圣陶题写。1954 年 12 月，新华地图社在文化部出版局文化宫召开第一次会议，出版事业管理局黄洛峰、金灿然等人参加会议。这次会上，金灿然、沈静芷、恽逸群被推选为新华地图社董事会公方董事，金灿然担任董事长。会上还通过了董事会暂行简则，明确了出版社的方针、任务和组织机构，提出了出版社主要负责人名单。12 月 9 日，新华地图社召开成立大会，全体员工参加，金灿然在成立大会上作了讲话。担任新华地图社的一把手后，金灿然主要加强了对地图出版社的出版管理，完善了出版社的规章制度建设，制定了《社务会议暂行简则》、《关于设立编辑委员会的决议》、《关于编辑部设立设计委员会的决议》、《编辑部暂行组织机构的决定》等，为出版社的稳定发展奠定了基础。同时，金灿然还大力发展壮大新华地图社的规模，人员从最初的 24 人发展到 77 人，并很快完成公私合营。金灿然主抓新华地图社期间，主要为教师、学生编绘和出版教学地图，包括中国和世界地图，教学挂图、学生作业用填充图等；编译、出版地图使用类的图书等，以满足学校和社会所需；同时向广大学生和读者进行爱国主义和国际主义宣传教育，普及地理科学知识。

五、外事出版工作及友好往来

1953 年 3 月 30 日，金灿然与当时我国唯一一家专业对外发行机构——国际书店的首任经理朱希，一起前往苏联国际图书公司北京分公司，在那里与苏联国际图书公司北京分公司的兹米乌尔同志就有关出版情况进行会谈。苏联国际图书公司于 1950 年底在北京设立办事处，供给中国大批苏联出版的中俄文马列主义读物和各种俄文科技著作，在图书贸易条件方面也给予优惠。这些图书由国际书店经销。1950 年 3 月 14 日的《人民日报》以《苏联供应我大批图书，国际书店业务日益发展，三个月来，经销苏联书刊七十七万册，图片、报纸六十万份》为题，作过专门介绍。国际书店的发行工作对当时形成苏联书刊"消费热"起到了极大的推进作用。

会谈中，兹米乌尔希望出版总署对"国际图书公司关于供给苏联书籍和大学教本所做的工作，提出意见和批评"①，金灿然则对苏联国际图书公司"能够适时地供给我们需要的书籍，帮助我们解决了缺乏翻译用书的困难"②表达了谢意。此外，双方还就一些俄文图书是否在中国翻译出版达成共识。兹米乌尔还提出，有些俄文图书是由外文译成俄文的，对这类图书希望中国方面最好由原文翻译，金灿然同意兹米乌尔的意见，但认为有些小语种图书中国方面能够翻译的人不多，可能还需要俄文本，这种情况，仍旧希望苏联国际图书公司能够帮助解决。金灿然当时一直主抓图书出版质量，因此在会谈中专门向兹米乌尔询问了苏联方面是如何抓出版物质量的，当得知苏联未设有专门的管理图书编辑质量的机构，但《真理报》有一篇关于出版社应该怎样保证出版书籍的质量问题的社论时，金灿然表示，"一定把这篇社论翻译出来"③作为参考。

　　1956 年 9 月 30 日至 11 月 26 日，文化部组织中国出版界相关人员到苏联进行为期一个半月的参观访问，时任出版总署出版局副局长的金灿然担任访问团团长，人民出版社、新华书店、外文出版社等单位的曾彦修、宋原放、史育才、周天泽、王大任、李千峰等 11 人为团员。访问期间，访问团主要对苏联当时的出版情况、书稿分类稿酬办法等问题进行了解和学习，当时的谈话记录都是由金灿然记录并整理的。回国后，根据访苏期间的谈话记录，整理编印、出版发行了

---

　　① 中国出版科学研究所、中央档案馆编：《中华人民共和国出版史料 5》，中国书籍出版社 1999 年版，第 249 页。

　　② 《金灿然与兹米乌尔会谈纪录》，载中国出版科学研究所、中央档案馆编：《中华人民共和国出版史料 5》，中国书籍出版社 1999 年版，第 249 页。

　　③ 《金灿然与兹米乌尔会谈纪录》，载中国出版科学研究所、中央档案馆编：《中华人民共和国出版史料 5》，中国书籍出版社 1999 年版，第 252 页。

《苏联的出版事业》一书，对苏联的出版、发行、印刷等情况和工作经验进行了详细的介绍。这本书出版后，面向全国出版界发行，供出版界工作人员学习参考，对推动当时我国出版事业的发展起到了积极作用。

访问苏联期间，苏联出版局副局长谢尔巴科夫交给金灿然一份"关于召开社会主义国家出版工作会议"的信件，请金灿然看后寄回国内。金灿然于10月5日将这个情况写信给出版总署的领导作了专门汇报，说明了参加出版工作会议的国家有苏联、波兰、朝鲜等13个社会主义国家①，并具体介绍了这次会议各国准备情况及与会人员。10月24日，金灿然在高尔基城再次写信给总署领导，详细介绍了苏联出版局局长戈雷什科夫关于社会主义国家出版会议的具体意见，包括会议召开时间、苏联参加人员及报告题目、会议议程、各国代表人数等。信末金灿然还专门提及"我们翻译各国书籍的书目及选题计划、推荐翻译书目恐都要带上"②。金灿然的两封信提供了及时有效的信息，促使总署领导很快达成共识，"我们应该重视并积极参加这个会议，而且应即着手进行有关筹备工作"③。

这次社会主义国家出版会议，是德意志民主共和国文化部为了

---

① 《金灿然关于召开社会主义国家出版工作会议有关情况给黄洛峰等的信》，载中国出版科学研究所、中央档案馆编：《中华人民共和国出版史料8》，中国书籍出版社2001年版，第261页。

② 《金灿然关于召开社会主义国家出版工作会议有关情况给黄洛峰等的信》，载中国出版科学研究所、中央档案馆编：《中华人民共和国出版史料8》，中国书籍出版社2001年版，第265页。

③ 《金灿然关于召开社会主义国家出版工作会议有关情况给黄洛峰等的信》，载中国出版科学研究所、中央档案馆编：《中华人民共和国出版史料8》，中国书籍出版社2001年版，第269页。

交流社会主义国家的出版工作经验，发起召开的。筹备委员会会议于1956年12月3日至12日在柏林举行，金灿然作为中国文化部出版事业管理局的代表出席会议。筹备委员会会议通过了社会主义国家出版会议议程草案，并定于1957年第二季度召开正式大会。[①] 金灿然将筹备会议上通过的《社会主义国家出版会议议程（草案）》、《社会主义国家出版会议筹备委员会章程》等带回国内，并于12月30日专门撰写了《关于参加社会主义国家出版会议筹备委员会的报告》[②]，对筹备会议的详细情况作了汇报："（筹备会议）讨论了正式会议的性质和目的。大家一致认为那是社会主义国家出版工作者的会议。目的有二，一为交流社会主义国家出版工作者的工作经验，一为研究如何加强彼此间的联系和合作。"[③] 在民主德国期间，金灿然对民主德国的出版工作进行了了解，也向波兰、保加利亚等与会国家的代表了解了他们的出版情况。

1957年4月7日至16日在民主德国莱比锡举行的社会主义国家出版业会议，通过了关于交流经验、加强联系和互助合作的决议。参加这次会议的有苏维埃社会主义共和国联盟、德意志民主共和国、朝鲜民主主义人民共和国、越南民主共和国、波兰人民共和国、蒙古人民共和国、罗马尼亚人民共和国、捷克斯洛伐克共和国、匈牙利人民

[①] 《读书月报》1957年第2期。

[②] 《金灿然关于召开社会主义国家出版工作会议有关情况给黄洛峰等的信》，载中国出版科学研究所、中央档案馆编：《中华人民共和国出版史料8》，中国书籍出版社2001年版，第266页。

[③] 《金灿然关于召开社会主义国家出版工作会议有关情况给黄洛峰等的信》，载中国出版科学研究所、中央档案馆编：《中华人民共和国出版史料8》，中国书籍出版社2001年版，第266页。

共和国、阿尔巴尼亚人民共和国、保加利亚人民共和国和中华人民共和国等 12 个国家的代表 220 人，南斯拉夫联邦人民共和国派了两名观察员参加这次会议。各国对这次会议都很重视，苏、德、捷、保、匈、阿和我国的代表团，都是由副部长率领，并在会议上发言，介绍经验。民主德国总理格罗提渥向会议发了祝词、贺电。

这次会议实现了社会主义国家出版业的团结，在整个会议进行中，体现了团结、友好、合作的精神。会议交流了业务经验，增进了各国相互之间的了解和友谊。在大会上各国代表团分别介绍了本国出版业的情况和经验。在会外各国代表进行了许多友好活动，我国代表团分别访问了参加会议的各个国家代表团。

这次会议增进了出版业的国际合作，会议最后通过了建议性的决议，强调在平等、自愿、互利的基础上，由各国通过协商，用双边或多边的办法进行合作。具体内容：（1）互相交换选题计划和推荐翻译书目；（2）合作编辑书籍和翻译书籍；（3）共同研究一些书籍方面的问题，如统一书目分类法，改进装帧设计，互相交换休假、旅行、帮助培养干部；（4）各国同类性质的出版社之间建立直接的联系；（5）交换世界书籍市场的情况；（6）各国出版行政机关帮助促进上述合作，特别要检查和补正文化合作协定工作计划的出版项目。①

为能够参加这次规模巨大的社会主义国家出版会议，在会议上介绍中国出版的发展情况和经验，出色展现新中国成立后中国出版概况，金灿然做了大量具体而重要的工作。他的工作，为在国际上展现中国形象贡献了一份力量。

---

① 中国出版科学研究所、中央档案馆编：《中华人民共和国出版史料 9》，中国书籍出版社 2004 年版，第 269 页。

1960 年 10 月 1 日，周恩来总理和来华参加我国国庆活动的缅甸总理吴努，分别代表本国政府在北京签订了《中华人民共和国和缅甸联邦边界条约》——这是新中国成立以来与邻国签订的第一个边界条约，意义重大，一方面历史遗留下来的复杂的中缅边界问题得到彻底解决，另一方面为解决其他类似问题奠定了良好的开端。很少有人知道，这个条约的签订，也包含着金灿然的心血。

中华人民共和国成立前后，中缅边界 2000 多公里大部分已经划定，还有 3 段存在着悬而未决的问题。为了更好地解决中缅边界问题，周恩来总理进行了大量的调查梳理工作，专门查阅了相关史料，掌握了历史上各朝政府对边境地区的管辖情况，搜集了大量历史地图，研究了各个历史时期中缅边界的划法，并请教了历史地理方面的专家。周恩来总理于 1957 年 3 月 16 日、7 月 9 日，先后在政协二届三次全体会议、全国人大一届四次会议上作了《关于中缅边界问题的报告》。在第一次作会议报告前，周恩来总理专门把金灿然叫去一起研究划界的历史地理依据——新中国成立之初金灿然在出版总署主抓过地理教材的编写工作，在《人民日报》上刊发过《人民地理教师怎样贯彻思想政治教育》[①]一文，1953 年担任出版总署出版局副局长期间兼任新华地图社总编辑，因此对我国地理情况、地图印刷等情况都比较了解。这也正是周恩来总理专门听取金灿然的意见的原因。周恩来办公室的台历上，3 月 16 日这一天专门记录了这一议事日程。[②]

---

① 见 1949 年 11 月 29 日《人民日报》。

② 金冲及主编：《周恩来传（1898—1976）》下册，中央文献出版社 2008 年版，第 1181 页。

第三章

出版业公私合营

公私合营，是"对民族资本主义工商业实行社会主义改造所采取的国家资本主义的高级形式。大体上经过个别企业的公私合营和全行业公私合营两个阶段"。"个别企业的公私合营，是在私营企业中增加公股，国家派驻干部（公方代表）负责企业的经营管理"，出版行业的公私合营主要以这种形式为主，通过出版总署及相关部委派驻公方代表参与到出版单位的经营管理中去，并在管理中居于领导地位，从而实现出版单位的性质由资本家所有变更为公私共有。

中华人民共和国成立后，出版总署随之成立，推动文化企业的社会主义改造、发展出版事业成为国家建设中一项极为重要的工作，得到党和国家的高度重视。把全国出版事业在统一的领导之下组织起来，成为当时意识形态领域的重中之重，这项工作同时成为出版总署的工作重点。金灿然参与了公私合营的全过程。

一、出版业公私合营的基本概况

对私营出版业的改造是从 1950 年到 1953 年。

据 1950 年 3 月统计的数据，北京、上海、天津等 11 座城市共有 1009 家私营书店，其中经营出版业务的有 244 家[①]，规模较大的只有少数几家，如商务印书馆、中华书局、开明书店等，其余基本都是规模较小的出版商，有的出版社甚至只有一两个人，还有若干零售书店同时会出版少量图书。当时私营出版机构出版的图书在全国出版图书总数中占 57%，销售量占 17%。

对这些私营出版业的改造，是中央人民政府、出版总署的一项重要任务。党和政府加强了对为数众多的私营出版机构的管理，对在转型期遇到经营困难的企业，给予一些指导和帮助，以维持经营生产。1949 年 11 月，金灿然与出版总署的同志，组织上海出版界的主要人员组成一个参观团，前往东北、华北等地访问，参观解放区在政治、经济、文化建设方面展现出来的新气象，让私营企业更直观地感受到新中国制度的优越性，明确生产资料由国家统一调配

①　中国出版科学研究所、中央档案馆编：《中华人民共和国出版史料 2》，中国书籍出版社 1996 年版，第 120 页。

使用、使资本家在劳动中逐步改造为自食其力的劳动者的必要性。在总署的指导下，参观团的成员回到各自单位后，都向全体员工介绍了参观情况，宣传了出版业公私合营的优越性和必要性，使全体员工深受教育。

出版总署比较重要的几项工作，除了整顿、改造私营出版业外，还有出版专业化、成立中央级出版社，要求出版社制订出版、选题计划，统一调配纸张等。经过一年的发展，公营出版社和公私合营出版社，仅通过新华书店出版、印刷、发行的图书就有 1800 种，5463 万册，总体数量已经超过私营出版业，在出版事业中占据了主导地位。

1950 年 7 月 21 日，出版总署第 18 次署务会议上，成立了第一届全国出版会议筹备委员会，筹备委员 19 人，均由出版总署工作人员担任，金灿然即为其中一员，署长胡愈之为主任委员，叶圣陶、周建人两位副署长为副主任委员。这次出版会议，明确了调整公私关系为重要工作之一，把约集公私出版从业人员进行协商、听取他们的意见提到议事日程上来。金灿然与其他筹备委员一起，经过反复讨论、研究，确定了与会人员名单 321 人，其中政府机关和人民团体代表占 30.2%，公营与公私合营出版单位代表占 20.2%，私营出版业代表占 34%，其他人员占 15.6%。从这个比例可以看出总署对私营出版企业的重视。

第二次筹备委员会会议上，确定、通过了此次大会的中心工作：一是讨论出版发行工作的统一和分工问题，二是讨论合理调整出版业中的公私关系问题。金灿然作为筹备委员，对大会的重点工作给予了高度重视，特别是对几家历史悠久的私营出版机构的改造，金灿然明确阐述了自己的思路。

1950 年 10 月 28 日，中央人民政府出版总署发出《关于国营书刊出版印刷发行企业分工专业化与调整公私关系的决定》，规定新华书店在解除出版和印刷的业务之后，应成为全国统一经营、统一管理的书刊发行企业机构。现有的新华书店总管理处改组为新华书店总店，全国各级新华书店的调拨和经营业务均归新华书店总店统一管理。新华书店总店为直属出版总署的国营书刊发行企业，应建立管理委员会，为最高管理机构。

新华书店全国管理委员会第一次会议于 1950 年 12 月 18 日召开，历时 7 天，出席这次会议的有徐伯昕、王益、常紫钟等。会议拟定了总店组织条例和 1951 年工作计划。

1950 年 10 月，出版总署决定率先在图书发行业中开展公私合营，在总署领导下，三联书店、中华书局、开明书店、商务印书馆和联营书店召开会议，组成筹备小组，准备将五家出版社的发行部门独立出来，联合起来经营，组成具有公私合营性质的中国图书发行公司。1951 年 1 月 1 日，中国图书发行公司在北京正式成立，五家单位原有发行机构的业务、人事等由中国图书发行公司接管。这是除新华书店外的另一个全国性的发行机构。

成立之初的中图公司资金总额 30 亿元人民币，其中公股占 20%，五家单位根据各自情况投资入股，当时中华书局投资 7 亿元。初期中图公司的资金不统一管理、结算，五家单位自负经济责任，发展一段时间后，全部资金统一管理。中国图书发行公司的成立，为出版行业全面公私合营改造工作打下了基础。

二、重点出版社实行公私合营

（一）商务印书馆

商务印书馆 1897 年在上海创办，是我国历史最悠久的出版机构。商务印书馆以出版中小学教科书为核心业务，同时出版社会科学、自然科学、西学译著、古籍整理、工具书等图书，很快发展壮大成为当时最大的私营出版企业。商务印书馆在全国各地先后设立分馆，以此构建起一个庞大的图书发行网络。但是，先进的经营理念、印刷设备、经验丰富的编辑人员、巨大的销售量等，都敌不过抗日战争、解放战争期间艰难的生存环境，商务印书馆在中华人民共和国成立前夕经营状况一度可以用"惨淡"二字来形容。

中华人民共和国成立后，商务印书馆和所有的出版企业一样，面临着转型的问题，在国民政府时期出版的教科书不再适合继续使用，这对以教材为主要业务的商务印书馆的影响可以说是巨大的。[①] 很快，商务印书馆退出了教科书市场，仅保留少部分教材供出版总署审核采用。1950 年秋季，商务印书馆仅有寥寥数种教科书入选教材清单。

此时的商务印书馆，按照党和政府的要求，在调整、发展中适应新的出版形势，走上了公私合营改造之路。

商务印书馆的公私合营之路，金灿然全程参与其中。

1950 年，商务印书馆即提出全面公私合营的请求，当时因全国

---

① 中国出版科学研究所、中央档案馆编：《中华人民共和国出版史料 1》，中国书籍出版社 1995 年版，第 445 页。

出版工作尚处于探索、整合阶段，出版总署认为"客观条件不成熟和主观力量不足"①，故没有接受商务印书馆的请求。到了1954年，全国出版工作逐步走上正轨，制定了大量规章制度，整合了众多出版资源，成立了一批国家级出版社，而商务印书馆公私合营一事也再次提到日程上来。1954年1月22日上午，出版总署第110次署务会议在署长办公室召开，胡愈之、叶圣陶、周建人三位署长参加，黄洛峰、戈茅、金灿然等人出席会议。会上黄洛峰汇报了出版总署与商务印书馆会谈公私合营的一些具体情况。全体参会者讨论了《关于国营、地方国营、公私合营报社、杂志社、出版社经营管理的若干规定（草案）》等工作。②

1954年1月25日，中共中央批准同意《出版总署党组小组关于进一步改造商务印书馆和中华书局的请示报告》，报告针对商务印书馆实行全面公私合营的具体情况，提出了几项原则办法——派驻领导干部，投入国家资金，改组成立高等教育出版社。考虑到商务印书馆历史悠久及在我国文化界的影响，当时决定保留"商务印书馆"的招牌，出版"不宜用和不必用高等教育出版社名义出版的图书"。中共中央还特别指示："实行进一步改造时，必须郑重将事，只准办好，不准搞坏。"③遵照中央批准的各项原则办法，出版总署会同高等教育

---

① 《出版总署党组小组关于进一步改造商务印书馆和中华书局的请示报告》，载中国出版科学研究所、中央档案馆编：《中华人民共和国出版史料5》，中国书籍出版社1999年版，第591页。

② 中国出版科学研究所、中央档案馆编：《中华人民共和国出版史料6》，中国书籍出版社1999年版，第54页。

③ 《出版总署关于处理商务、中华改组工作的一些意见》，载中国出版科学研究所、中央档案馆编：《中华人民共和国出版史料6》，中国书籍出版社1999年版，第93页。

部，与商务印书馆董事会代表进行了多次商谈，就出版社名称、出版方向、出版业务范围、资产股权清理、组织机构、领导关系、人事安排、筹备工作等具体而重要的问题，最终达成一致意见，列入《关于商务印书馆实行全面公私合营改组为高等教育出版社的会谈纪要》，成为商务印书馆全面公私合营的指导性文件。

1954 年 1 月 28 日下午，高等教育出版社筹备处第一次会议在出版总署召开，出版总署、高等教育部和商务印书馆的代表 12 人参会，金灿然位列其中。会上，高等教育部和出版总署指派黄洛峰、武剑西、金灿然等 5 人为公方代表，商务印书馆推定俞寰澄、徐凤石等 6 人为私方代表，成立了"高等教育出版社筹备处"[①]，开始了商务印书馆改造暨高等教育出版社成立的工作。

1954 年 4 月 7 日，出版总署胡愈之、叶圣陶、周建人等听取了关于商务印书馆公私合营工作情况的汇报，同时对高等教育出版社的人事安排与筹备工作做了安排，出版总署和高等教育部指定金灿然、汤季宏、艾大炎等 5 人为公方董事。

1954 年 4 月 24 日，《高等教育部、出版总署关于成立高等教育出版社及所派公方董事给政务院文委的报告》中说："商务印书馆公私合营改组为高等教育出版社的筹备工作，本月底可以基本结束，拟于 4 月 30 日召开职工大会，宣布正式成立。"[②]4 月 28 日，政务院文委批复了这个报告："4 月 24 日厅机字第 88 号报告悉。关于商务印书

---

① 中国出版科学研究所、中央档案馆编：《中华人民共和国出版史料 6》，中国书籍出版社 1999 年版，第 62 页。

② 中国出版科学研究所、中央档案馆编：《中华人民共和国出版史料 6》，中国书籍出版社 1999 年版，第 236 页。

馆公私合营改为高等教育出版社筹备工作本月底可以结束，拟于 4 月 30 日召开职工大会，宣布正式成立，以及拟派公方董事的问题，本委同意。"批复中正式确认商务印书馆"公私双方合组的新董事会，私方董事已由股东大会选出，名额为 12 人，公方董事拟派艾大炎、崔仲远、武剑西、金灿然、汤季宏 5 人担任"。

1954 年 6 月，商务印书馆总管理处迁京，上海保留办事处，同北京方面一样挂两块招牌——"高等教育出版社"、"商务印书馆"上海办事处。高等教育出版社以出版苏联高等学校和中等专业学校理科、工科、农科和社会科学等类教学用书中译本为主，并选择各高等学校自编的比较适用的教材出版，同时原由商务印书馆出版的科学技术读物、工具书及其他书刊，仍用商务印书馆名义继续编辑出版。①商务印书馆在京、沪两地的印刷厂随总馆进入公私合营后，各自独立经营。

至此，商务印书馆最终由过去的综合性出版企业，顺利转变为专业性的公私合营出版机构。

在参加商务印书馆公私合营的工作中，金灿然作为公方代表，作为由出版总署派出的代表，在商务印书馆负责领导工作，主要是经营管理工作。他守职尽责，在复杂的状况中随机应变、灵活处理，从而很好地完成了对这家私营出版企业的社会主义改造，在整个工作中，金灿然还积累了丰富的对私营出版企业改造的经验，对公私合营后的出版单位如何进行经营管理，金灿然亦颇有心得。

---

① 中国出版科学研究所、中央档案馆编：《中华人民共和国出版史料 6》，中国书籍出版社 1999 年版，第 240 页。

（二）中华书局

中华书局成立于 1912 年，1953 年公私合营前的公股公产清理总结报告中的数据显示，中华书局全局职工人数达 888 人，规模庞大、机构臃肿，拥有出版编辑人员 72 人，印刷工人 344 人（上海印刷厂，不含香港印刷厂），发行机构遍及全国各地，在我国香港、新加坡等地都设有分局[①]。当时的中华书局同商务印书馆一样，以编印发中小学教科书为主业。中华书局成立之初，就是靠教材起家的。20 世纪 30 年代至 1949 年，中华书局一度致力于印刷钞券，依靠此项业务赚取利润、维持企业的正常经营。解放战争时期，时局动荡，中华书局的经营活动处于风雨飘摇之中，某些高层感觉到山雨欲来的危机，提议并筹资分发股东红利，然后各自脱身，使中华书局一度陷于群龙无首的状态。1949 年 5 月上海解放，中华书局的董事长孔祥熙久居国外未归，舒新城两次请辞代总经理一职，汪伯奇被选为副总经理后始终未到职，其他印刷所、编辑所等的负责人也纷纷递交辞呈，公司急需合适的人选担起职责。

巨大的社会变革，给私营企业中华书局带来的问题很多，特别是在制度、政策方面，新成立的出版总署也没有一个很成熟、具体的意见、方案。这种情况下，全国出版会议召开时，总署特别邀请中华书局派代表参加，听取他们的一些诉求和意见。

1950 年 9 月 16—25 日，第一届全国出版会议在北京召开，全国各地出版界代表 300 余人参会。中华书局派出的正式代表有潘达人、

---

① 中华书局编辑部编：《中华书局百年大事记（1912—2011）》，中华书局 2012 年版，第 153 页。

舒新城和王瑾士，特邀代表有金兆梓，卢文迪以《新中华》主编身份与会。发行方面西安分局经理谢惠侨、汉口分局职员顾恒昌参加大会，潘达人、谢惠侨、顾恒昌作为代表在大会上发言。舒新城、金兆梓、卢文迪三人，分别被推选为出版大会主席团成员、提案审查委员会委员和文件起草委员会委员。中华书局的 7 位代表，在大会上畅所欲言，介绍中华书局当时的处境，表达他们对新制度的向往，并提出合理的诉求。

中华书局的代表潘达人在大会发言中说："在长久的旧社会中，我们沿袭着一种这样的观念，就是把我们的工作，看成一种职业，简单的说，也就是一个书籍制造和买卖的人，这种想法，到最近还是或多或少地存在着，我相信，在所有的我们工作同人中间，可能还有不少的人，依旧抱着这样的商业观点和雇佣观念的。"[1] 潘达人的发言，对私营企业员工思想观念进行的剖析，实质上也是对制约私营企业在新中国成立后健康快速发展的原因进行的剖析。潘达人的发言，响应了出版总署的号召。

大会上，中华书局还提交了一份书面报告，介绍了中华书局的编辑力量，包括编辑总人数、编辑的专业及特长。出版情况方面介绍了新中国成立后适应新形势的图书有 5000 种，部分可修改重印，一年多的时间出版新书 300 余种。中华书局还编辑出版《新中华》、《中华教育界》、《中华少年》、《小朋友》、《中华俄语》、《人民戏剧》6 种期刊，有的在全国范围内影响比较大。印刷方面，中华书局当时在上海和香港各有一家印刷厂，设备都很先进，有滚筒机 3 台，每月可印 9000

---

[1]　转引自王建辉：《新中国出版事业的良好开端——1950 年第一届全国出版会议》，《出版科学》1998 年第 3 期。

令纸，排字设备也很齐全，月排一千余万字。仅上海印刷厂就有技术工人 344 人。

中华书局代表王瑾士与上海市其他代表一起，提交了关于"上海印刷业失业工人达两千余人，应请政府予以救济，维持其生活"的报告；王瑾士等上海代表还与北京市代表一起，提交了关于"工作缺乏，生产力过剩，难以维持，应如何统筹兼顾，克服目前困难以迎接即将到来的文化建设高潮"的报告。

第一届全国出版会议召开后，中华书局的发行业务与出版工作完成了剥离，发行业务由中国图书发行公司接管。此后，中华书局的业务只有编辑和出版了，接下来要面临的工作就是进一步公私合营改造，这个过程应该说更加漫长，难度也相应更大。

在对中华书局的社会主义改造过程中，党和国家向中华书局派驻了党员干部（公方代表），承担起中华书局的经营管理工作。金灿然就是在这个阶段，担任了中华书局的公方代表。

1953 年 12 月 4 日，出版总署第 103 次署务会议决议，商务印书馆、中华书局、龙门书局实行公私合营的条件已经具备，时机已到，应即加强对这三个出版社的领导，以便早日成为全面公私合营性质的出版社。

当时中央对此明确指示："鉴于商务印书馆和中华书局历史悠久，在我国文化界有相当影响，因此，这次在对它们实行进一步改造时，必须郑重将事，只准办好，不准搞坏。"[1]

1954 年 1 月 15 日、28 日，出版总署两次邀集中华书局董事会代

---

[1] 《出版总署关于处理商务、中华改组工作的一些意见》，载中国出版科学研究所、中央档案馆编：《中华人民共和国出版史料 6》，中国书籍出版社 1999 年版，第 93 页。

表举行会议，双方形成一份《关于中华书局实行全面公私合营改组为财政经济出版社的会谈纪要》，根据规定设立北京"财政经济出版社筹备处"，仍保留中华书局的牌子，由公方黄洛峰（出版总署办公厅主任）、金灿然（出版总署出版管理局副局长）、沈静芷（出版总署计划财务司副司长）、常紫钟（出版总署出版管理局副局长）和私方舒新城、王志莘、潘达人、李昌允8人组成，黄洛峰为主任，金灿然、潘达人为副主任。董事长吴叔同、副董事长黄洛峰，社长兼总编辑狄超白，副总编辑王寅生、李国钧、卢文迪。财政经济出版社筹备处下面分设两个工作组。北京工作组由金灿然担任组长，常紫钟担任副组长，中华书局方面（私方）的卢文迪和凌珊如担任副组长。北京工作组的主要任务是组建财政经济出版社的编辑机构，尽快拟定方针任务，特别是1954年的出版计划。上海工作组，公方代表方学武和朱文尧分别担任组长和副组长，中华书局（私方）的李昌允和孙庆瑞担任副组长。上海工作组的主要任务是为中华书局全面公私合营做准备、清理资产、确定股权、进行人事安排和调配、外业投资的联系等。

金灿然担任了北京组组长后，随即有条不紊地将工作开展起来，组建财政经济出版社的编辑机构，按计划拟定方针任务，特别是1954年的出版计划。

2月9日，金灿然组织中华书局北京工作组在西总布胡同北京办事处召开第一次工作会议，商议决定分设行政工作小组及编辑出版小组进行工作，并确定各项具体工作及完成日期。

3月24日，中华书局新旧同人100余人，在北京办事处召开联合会，金灿然代表公方参加，并作了讲话。

5月1日，中华书局实行公私合营，正式组建成立财政经济出版社。董事会由17人组成，金灿然和黄洛峰、沈静芷、汤季宏、狄超白5人为公方人员。私方12人：吴叔同、舒新城、潘达人、王志莘、刘靖基、陆费叔辰、陆费铭中、李昌允、郭农山、徐永祚、俞明岳、吴明然。董事长吴叔同，副董事长黄洛峰。中华书局总公司正式从上海迁到北京西总布胡同7号，与财政经济出版社一个机构两块牌子。中华书局人员不变，对外出书仍用中华书局名义。财政经济出版社社长狄超白仍为社长兼总编辑，常紫钟为副社长，中华书局的卢文迪为副总编辑，潘达人为经理。上海中华书局办事处改称财政经济出版社上海办事处。上海中华书局图书馆的50万册图书仍留在上海，与中华书局辞海编辑所一并归上海出版局领导。从此中华书局成为国营财政经济出版社的一部分，对外挂财政经济出版社和中华书局两块牌子。

出版总署副署长叶圣陶在财政经济出版社（中华书局）成立大会上提出：

> 中华书局实行全面公私合营改组为财政经济出版社，不仅是多了一块招牌，扩大了业务范围……从今以后，中华书局的性质根本变了，它已是一个半社会主义的出版企业了；在中华书局工作的职工，所处的地位也根本改变了，主要是为国家工作了……就国家说，这是增加了一个重要的出版机构……这个出版机构，今后将完全受国家的领导……出版配合国家经济建设和文化建设的书籍。①

---

① 中国出版科学研究所、中央档案馆编：《中华人民共和国出版史料6》，中国书籍出版社1999年版，第248页。

金灿然参与了对商务印书馆、中华书局的社会主义公私合营改造，还参与了会同科学院对龙门书局的改造。1956年6月，随着这三家规模较大的私营出版社改造的完成，出版领域的公私合营工作基本告一段落。

1956年6月、7月，文化部党组向国务院副总理陈云汇报了中华书局、商务印书馆在实行公私合营后的基本情况。汇报中谈到，两家出版社的出版资源在开发和利用方面做得还不是特别到位，它们设在香港地区、南洋的发行机构没有发挥出应有的作用，人员的安排、待遇的调整等还不尽如人意。这次汇报提出准备对中华书局和商务印书馆进行改进的想法，一是加强对已有出版资源的整理和重印，二是组织学术出版物和工具书的出版，三是加强香港地区、南洋的出版发行工作。这次汇报中，还特别提出了将中华书局、商务印书馆独立出来的想法。

第四章

古籍整理出版规划小组

古籍整理出版规划小组的成立，是我国出版史上的一件大事，它标志着我国古籍整理出版工作进入了全面规划和统一部署的阶段，也体现出党和国家对古籍图书整理出版的高度重视，聂荣臻、习仲勋等对古籍小组的成立都做过重要批示。古籍小组组长由齐燕铭担任，金灿然为古籍小组成员，同时兼小组办公室主任，二人密切配合，制订规划、培养人才，古籍图书的整理和出版得到大力发展。

一、成立古籍整理出版规划小组

随着出版总署完成对私营出版业的改造，

成立了一批公营出版单位，我国的图书出版得到大力发展，但古籍图书仅有几家出版社零散整理出版，编辑力量严重不足，出版也没有计划性。为了集中优势人才和出版资源，更好地开展古籍图书的出版工作，古籍整理出版规划小组的成立提上了议事日程。

1956 年 5 月 15 日，文化部向中共中央宣传部呈送《关于我国古籍出版工作规划的请示报告》。① 报告中提出要加强对古籍出版工作的统一领导，并要与学术研究工作密切结合，成立古籍编审委员会，吸收科学院、北京大学、文化行政部门、出版机构的负责人等各方面学术专家和出版专家参加，统一掌握古籍的出版方针，审定图书选题计划和重要稿件，并建议"由齐燕铭同志担任主任委员"。报告中提出，将文学古籍刊行社、高等教育出版社和财政经济出版社的古籍出版部分并入古籍出版社，并明确了古籍出版社今后的任务，主要是统筹关于学术思想、历史地理、文学艺术方面古籍选题的制定，负责这方面稿件的组织、编校和出版工作，收集并供应有关古籍出版的资料，汇集和交流加工整理的经验。

随后，加强古籍整理出版的工作一直有序进行。1957 年，齐燕铭已开始着手抓古籍出版工作，专门向国务院科学规划委员会呈送了《关于成立古籍整理出版规划小组的报告》，并提出将此前报告中拟成立的"古籍编审委员会"，具体落实为"古籍整理出版规划小组"。12 月，国务院科学规划委员会批准了齐燕铭《关于成立古籍整理出版规划小组的报告》。成立古籍小组的准备工作紧锣密鼓地开展起来，金灿然此时已参与到筹备工作中。

---

① 《文化部党组关于我国古籍出版工作规划的请示报告》，载中国出版科学研究所、中央档案馆编：《中华人民共和国出版史料 8》，中国书籍出版社 2001 年版，第 94 页。

　　1958 年 2 月 9—11 日，国务院科学规划委员会在北京召开古籍整理出版规划小组成立大会，中宣部副部长周扬、古籍整理出版规划小组组长齐燕铭、办公室主任金灿然、部分小组成员，以及各地专家和有关机构负责人共百余人参加。

　　周扬作了关于古籍整理出版的方针和做法的讲话，对古籍整理出版的方针、对象、方法问题提出五点希望："一、按轻重缓急，针对不同对象，采取不同方法，定出合乎需要的规范。二、从古代典籍中整理出一套基本名著丛书。三、出版几套选本，正面的反面的都可以选。四、编写辞书和一般读者需要的辞典。五、培养整理古籍的青年队伍。"[①]成立大会由齐燕铭主持，他说："几年来，各方面对中国古籍的整理出版，已经做出一些成绩，但也存在着出版重复、质量不高和与读者需要不符合的缺点。因此，亟须加强领导，根据党的继承和发扬民族文化遗产的政策，按照学术研究、教学工作以及社会读者的需要，制定比较长远的规划。"[②]

　　郑振铎、翦伯赞、潘梓年分别就文学、史学、哲学的古籍整理出版草目计划作了说明，接着进行了讨论。发言的有冯友兰、杜国庠、徐森玉、吴晗、邢赞亭、嵇文甫、金兆梓、章行严等人，他们对加强古籍整理出版工作表示一致拥护，并分别对计划中的书籍分类和书目编选，以及培养人才、组织专家问题，发表了意见。

　　会议确定了古籍整理出版的方针，制定了整理出版文史哲古籍的

---

　　① 《康生、周扬在国务院科学规划委员会古籍整理出版规划小组成立会上的讲话（摘要）》，《光明日报》1958 年 2 月 22 日。

　　② 《康生、周扬在国务院科学规划委员会古籍整理出版规划小组成立会上的讲话（摘要）》，《光明日报》1958 年 2 月 22 日。

十年规划，明确提出"在规划小组的领导下，应该动员和组织有关力量，在十年至十五年之内，分期分批地把我国古代和近代以至'五四'以前的主要学术著作有计划有系统地整理和出版"①的目标。从此，古籍整理出版工作进入了全面规划和统一部署的系统整理阶段。

第一届古籍整理出版规划小组成员共有19人：叶圣陶、齐燕铭、何其芳、吴晗、杜国庠、陈垣、陈寅恪、罗常培、范文澜、郑振铎、金兆梓、金灿然、赵万里、徐森玉、张元济、冯友兰、黄松龄、潘梓年、翦伯赞。齐燕铭为小组组长，金灿然为小组办公室主任。成员均为当时中国文史哲、出版界著名专家学者。小组成员中，金灿然时年45岁，是最年轻的一位。其他专家大都在50岁至70岁，年龄最长者为张元济，时年91岁。

古籍整理出版规划小组下设文学、历史、哲学三个分组，其成员集中了这三个专业的一大批一流专家学者。兹照录如下：

文学组

召集人郑振铎、何其芳，成员有：王任叔、王伯祥、王瑶、余冠英、邢赞亭、吴晓铃、林庚、阿英、孙楷第、徐嘉瑞、徐调孚、章行严、陈翔鹤、冯至、冯沅君、游国恩、杨晦、叶圣陶、隋树森、赵万里、钱钟书、魏建功、罗常培、谭丕谟。

历史组

召集人翦伯赞，成员有：于省吾、尹达、白寿彝、吴晗、吴泽、汪篯、周予同、周云青、周谷城、邵循正、金兆梓、金毓

① 《康生、周扬在国务院科学规划委员会古籍整理出版规划小组成立会上的讲话（摘要）》，《光明日报》1958年2月22日。

黻、范文澜、徐中舒、徐炳昶、徐森玉、翁独健、夏鼐、宿白、张政烺、陈垣、曾次亮、贺昌群、傅乐焕、齐思和、邓广铭、邓拓、顾颉刚、阎文儒、聂崇岐。

哲学组

召集人潘梓年、冯友兰，成员有：王维庭、石峻、朱谦之、李达、李侰、吴则虞、吴泽炎、杜国庠、汪奠基、林宰平、林涧青、侯外庐、胡曲园、孙人和、唐钺、容肇祖、陈乃乾、嵇文甫、杨荣国、赵纪彬、刘盼遂、谢无量。①

古籍小组的模式在当时开风气之先，在出版单位和古籍整理专家之间搭建了一座桥梁，密切了二者之间的关系，在推动古籍整理出版工作发展方面，起到了积极的作用。此后 60 年的时间里，这种模式一直延续。古籍小组的成立，为此后我国古籍整理出版事业的发展奠定了坚实的基础，立下了规则。

这次会议还明确了当时古籍整理出版工作的 6 个重点：

一是整理和出版中国古代名著基本读物；

二是出版重要古籍的集解；

三是整理和出版总集或丛书；

四是出版古籍的今译本；

五是重印、影印古籍；

---

① 全国古籍整理出版规划领导小组编：《功在千秋的事业——新中国古籍整理出版成就》，中华书局 2003 年版，第 39 页。

六是整理和出版阅读和研究古籍的工具书。①

二、担任古籍小组办公室主任

金灿然担任古籍整理出版规划小组办公室主任期间，他的直接上级是古籍小组组长齐燕铭。齐燕铭为兼职，其实际职务先后为总理办公室主任，国务院副秘书长，国务院专家局局长，文化部党组书记、副部长，行政事务非常繁忙，但对古籍小组的工作一直抓得很紧。金灿然与齐燕铭是老搭档，彼此非常熟悉，在延安时期就在范文澜的组织下一起编写《中国通史简编》，革命的友谊、战斗的友谊在彼时即已建立，在古籍小组共事后，合作非常默契。

金灿然非常重视古籍小组方针、计划的落实，为此，他制定了办公室工作计划和办公室内部的管理规章制度，统筹负责古籍小组的档案文书管理，负责古籍小组成员大会的组织、召开，对古籍小组拟订的古籍规划做了大量准备工作，包括听取出版社、专家学者的意见和建议，汇集规划项目等，还专门创办了《古籍整理出版情况简报》，报道古籍工作的开展情况。

召开古籍规划小组成立大会前夕，会议的准备工作都由古籍规划小组办公室来承担。当时除19位小组成员外，文学、历史、哲学三个分组还有近70人的分组成员，此外，出版社的负责人若干名，基本都参加了此次成立大会。会议从筹备到召开，事无巨细，金灿然一

① 全国古籍整理出版规划领导小组编：《功在千秋的事业——新中国古籍整理出版成就》，中华书局2003年版，第38页。

律事必躬亲。当时古籍小组成员、著名历史学家、古典文学研究家陈寅恪先生在广州居住，任职于暨南大学，当时已年近七旬，双目几近失明，身体状况也不是特别好，无法到北京参加古籍小组成立大会。金灿然对此事十分重视，就和古籍小组组长齐燕铭商量，既要表达对陈寅恪的尊重，更要听取陈寅恪对古籍整理出版工作的意见和建议。后来决定，赶在成立大会召开前，由齐燕铭给陈寅恪写一封信，以表达诚意，这封信通过当时古籍小组哲学分组成员、暨南大学的杨荣国带回广州。杨荣国正式拜访陈寅恪先生时，把齐燕铭所写信件内容读给了陈寅恪，并听取了陈寅恪对古籍规划草案的意见，当时陈寅恪对成立古籍小组表示支持和赞同，并提出应该整理出版《文苑英华》等古籍的建议。金灿然对陈寅恪先生的意见非常重视，他很快安排专人将陈寅恪的意见和建议整理出来，并在古籍大会召开前寄发给古籍小组成员参阅。

当时在上海的古籍小组成员有版本目录专家、金石专家徐森玉，语言学家、文史专家金兆梓，齐燕铭也专门写了亲笔信，邀请他们参加成立大会，信件都由金灿然负责的古籍规划小组办公室统一发出。目前能见到的是齐燕铭写给徐森玉的信件，由徐森玉的儿子徐文堪保存并提供。

森玉先生：

别久念深，近想兴居娱适？关于成立古籍整理出版小组一事，前承慨允参加，至深感荷。现在规划小组拟于二月十日开成立会，特将去年国务院科学规划委员会的报告及工作计划要点初步草案各一份奉请詧阅。惟兹事体大，端赖国中专家耆宿群策群

力，俾可早观厥成。会期务请届时莅京参加，藉挹卓见，毋任翘企。此致

敬礼！

齐燕铭

一月廿八日

附报告及草案各一份①

　　收到齐燕铭的亲笔信后不久，徐森玉和金兆梓就一起从上海来到北京，参加了为期三天的成立大会。在大会上，徐森玉和金兆梓还作为专家代表作了发言，他们一致表达了对加强整理古籍出版工作的拥护，对大会的主题——制订整理和出版古籍计划草案、培养古籍整理出版人才和如何组织专家参与到古籍整理工作中等问题，发表了各自的看法。

　　金灿然担任古籍规划小组办公室主任期间，对古籍专家表现出了极大的爱护。文献学家、历史学家张舜徽先生在 20 世纪 60 年代时，既不是古籍小组成员，也不是文史哲分组专家成员，当时他在古籍整理方面取得的成绩也尚未引起广泛关注，尽管如此，在他遇到困难时，古籍小组还是给予了很大帮助。1961 年 1 月，张舜徽因患神经性头痛到北京看病，个人负担在北京食宿方面的费用，颇感吃力，便给齐燕铭写了一封信。信中颇为无奈地写道："此次以治病来京，由全国政协秘书处仓促介绍至北方饭店居住，而房金每日五元。以一教书之人，如何能负担此数。甚盼执事转告有关部门代找一招待所暂

　　① 徐文堪：《齐燕铭关于古籍整理出版规划的一通手札》，《东方早报》2014 年 2 月 16 日。

住，以解决食宿问题，是所切祷！"张舜徽随信还寄去了他本人的著书总目，包括《清人文集别录》、《说文解字约注》、《郑学》等发表、未发表、已成稿和未成稿的论著 26 种，著述内容涵盖目录校勘、文字训诂、经学、史学、诸子等诸多方面。当时齐燕铭和金灿然都不认识张舜徽，但齐燕铭感到张舜徽人才难得，作为一位学者，如非面临很大困难，断不会向人提出请求。于是，齐燕铭找来金灿然，对他说：张舜徽是个很有学力的人，是个人才，请你妥善安排，以减轻他这次来北京看病的经济负担。金灿然经过多方努力，最后安排张舜徽从北方饭店搬到教育部招待所。教育部招待所既便宜又安静，适宜读书。金灿然还专程到招待所看望了张舜徽。张舜徽向金灿然具体介绍了他近期的研究计划：整理自己未出版的著作，比如《清人文集别录》，这次在北京治病期间，他到北京图书馆查找了相关的研究资料。在金灿然的帮助下，张舜徽渡过了难关，他们因此结下了深厚的友谊。此后，张舜徽的著述成果陆续完成，中华书局（包括上海编辑所）1962 年出版了他的《中国古代史籍校读法》，1963 年又出版了他的《顾亭林学记》、《广校雠略》等专著。1962 年 9 月 7 日金灿然致函齐燕铭，还专门谈到商调张舜徽到中华书局工作一事，金灿然在信中写道："商调张舜徽事，已同杨东老（引者按即杨东莼）谈过，他答应给想办法。"① 但最终张舜徽因为种种原因并未调入中华书局，成为一桩憾事。尽管如此，在二人的交往中，仍足以看出金灿然在担任古籍规划小组办公室主任期间，表现出来的敬业精神和对古籍整理出版人才的爱惜。

---

① 徐俊：《〈尚书校释译论〉引出的尘封旧事》，《书品》2005 年第 4 辑。

在给我国著名历史学家顾颉刚配备助手整理《尚书》的时候，金灿然同样表现出作为古籍规划小组办公室主任的责任心与热情。

1961年上半年，金灿然与中国科学院近代史研究所南京史料整理处刘起釪所在单位的主任面谈之后，中华书局开始与南京史料整理处正式商调刘起釪，同年12月1日，中华书局致函上级主管单位文化部干部司，报告拟为顾颉刚商调助手一事。

1962年6月11日，金灿然致函文化部齐燕铭、徐光霄二位副部长：

> 关于为顾颉刚配备助手的问题，几年来我们一直在积极进行，但苦于没有适当人选，此事至今没有得到解决。去年经顾本人提出，我们通过组织了解结果，曾请求干部司批准调中国科学院近代史研究所南京史料整理处刘起釪同志来京担任这一工作。……最近顾颉刚又对我们提到此事，并将刘最近给他的信交给我们，我们才知道刘调京事在他工作单位内部已正式宣布。我们考虑到顾著述丰富，为他物色助手，颇不容易，且他近几年来体弱多病，确实十分迫切需要助手帮助他工作。又考虑到顾在国内外有相当影响，他的助手问题似仍不能不加考虑。因此重申前请，请考虑在目前可否将刘调来。[1]

在商调刘起釪的过程中，顾颉刚本人也十分重视并很急切，他在1962年6月12日写给周扬的信中提到金灿然为此事不止一次与刘

---

[1]　徐俊：《〈尚书校释译论〉引出的尘封旧事》，《书品》2005年第4辑。

起釪所在单位进行沟通，他写道："三四年前，我即向中华书局提起，承金灿然同志一再和科学院接洽，荏苒至今，方得宁方许可。"但"宁方许可"显然还远远不够把刘起釪调到北京，因此到了 6 月 25 日，顾颉刚给金灿然写信，信中说："昨又接南京刘起釪同志来信，谓彼处组织上必须你局再度出函，始允成行。彼意，如京中户口一时困难，个人可先行入京，以临时户口进行工作；眷属北行，将来再办。特此奉闻，请即致函南京科学院商洽为荷！"[①] 可见，当时刘起釪与顾颉刚对这件事情都十分重视。

金灿然于同年 7 月 8 日致信齐燕铭，转述了周扬对此事的意见："周扬同志意见，顾的助手无论如何要解决，调不来，可以借。"8 月 9 日，金灿然致函南京史料整理处王可风，正式通知"上级已批准刘起釪同志来我局帮助顾颉刚先生工作"。8 月 17 日，中华书局致函文化部干部司，要求解决刘起釪进京户口问题，随信附带文化部草拟的致中宣部和国务院文教办公室的呈文。

此后，金灿然与南京史料整理处及其上级单位近代史研究所多次沟通，刘起釪调京一事才最终落实。1962 年 10 月 20 日，金灿然又发了一封电报："调刘起釪信近代史所已发出，行期决定，盼先电告，以便派人去车站迎候。金灿然。"这份电报的底稿至今还保存在中华书局的档案里。11 月 10 日南京史料整理处给金灿然回函上（档案现存南京史料整理处），有中华书局副总经理王春 11 月 15 日的两条批示：

　　届时请赵守俨同志去车站迎接。宿舍已经安排在西北楼一号

---

①　徐俊：《〈尚书校释译论〉引出的尘封旧事》，《书品》2005 年第 4 辑。

楼口一单元的 4 号。

请你（中华书局党支部书记张北辰）指派一位同志届时代为向食堂换取内部粮油票和代金，或者现在预向食堂借也可。①

从这些珍贵的档案文件中，能看出金灿然在调动刘起釪的过程中做了大量细致的工作，一边要与中宣部、文化部领导沟通，一边要与南京史料整理处联系，接站、吃饭的问题也都在他的考虑范围内，安排专人落实这些细节。可以想见，刘起釪当年进京之后，应该是怎样的感动。金灿然为我国古籍整理事业的发展可谓殚精竭虑，令人感佩。

古籍整理出版规划小组成立后，为了交流古籍整理和出版工作的情况，在古籍小组与学术界、专家、学者之间搭建一座沟通的桥梁，古籍小组办公室于 1958 年 12 月创办了自己的刊物——《古籍整理出版情况简报》。后面将专章介绍这份简报的情况。

三、开展古籍小组活动

金灿然在担起古籍整理出版规划小组办公室主任重任的那一刻，便把制订规划、整理出版古籍和培养古籍人才等工作放在了首要位置，这体现出一位长期从事党的宣传工作的干部的领导水平，更体现出一位具有使命感和责任心的出版工作者的清醒认识。制订古籍规划

---

① 徐俊：《〈尚书校释译论〉引出的尘封旧事》，《书品》2005 年第 4 辑。

和培养古籍人才将专章谈及，此不赘述。

古籍整理出版规划小组成立后，小组成员、文史哲分组组员都在齐燕铭、金灿然的组织下，积极开展工作。

然而，古籍整理出版规划小组成立还不到一年，就先后失去了三位成员。1958年10月17日，郑振铎在出国访问途中因飞机失事不幸遇难；同年12月13日，罗常培因病去世；次年8月14日，张元济去世……古籍小组成员从19人减到16人，工作的开展受到了一定程度的影响。郑振铎学养深厚，在学术界和出版界都是一位非常有号召力的领导者，他承担了古籍小组的大量工作。他本人主持的《古本戏曲丛刊》原计划出版十集，规模巨大，在1958年之前已出版三集，每集分别收录元明、晚明、清初的戏文、传奇、剧本等各100种。第四集收录元明杂剧376种，于1958年12月出版。郑振铎遇难给《古本戏曲丛刊》按期出版带来了较大影响，而且影响远远不止于此，他的去世是古籍整理出版界的重大损失。罗常培是一位语言学家，去世前担任中国科学院历史语言研究所所长，他与赵元任、李方桂被称为早期中国语言学界的"三巨头"，他的学术成就对我国语言学及音韵学研究影响极为深远。张元济，商务印书馆的元老级人物，我国著名出版家，声望卓著，古籍整理和出版经验非常丰富。

此时古籍整理出版工作的开展正如火如荼，迫切需要古籍整理人才的加入，为此，金灿然作为古籍小组成员、古籍小组办公室主任，经常与古籍小组组长齐燕铭商议、探讨如何更好地开展古籍小组的工作。

1958年国务院科学规划委员会和国家技术委员会合并，成立了中华人民共和国科学技术委员会。合并后，原国务院科学规划委员会担负的哲学社会科学方面的工作，全部交由中国科学院哲学社会科学部接管。此后，中国科学院哲学社会科学部除原有的任务外，同时担负全国性的哲学社会科学研究的规划和协调工作。中国科学院哲学社会科学部根据国务院通知，研究决定原国务院科学规划委员会所属的古籍整理出版规划小组仍然保留，组长为齐燕铭，并聘请原小组成员继续为古籍小组工作。为适应新情况，1959 年古籍整理出版规划小组进行了调整，拟增补王冶秋、尹达、邓拓、杨晦、侯外庐、舒新城、翁独健、魏建功等若干位古籍小组成员，以便开展工作。这次调整名单最终并未正式落实，其中的历史原因至今已不可考。调整后的名单共 19 人，但其中有一位成员——人民文学出版社副社长王任叔，也是一位古典文学方面的专家，他的聘书一直没有下发，今天还作为档案保存了下来，成为那段历史的见证，也留给我们一段珍贵的历史轶事。现将聘书照录如下：

聘书

社聘字〇〇一八号

兹聘请王任叔

为本部古籍整理出版规划小组组员

中国科学院哲学社会科学部

主任　郭沫若

一九五九年十月十五日 ①

---

① 齐浣心：《古籍小组成员轶事》，《出版史料》2015 年第 1 辑。

作为古籍小组办公室主任，同时兼任古籍整理出版规划小组办事机构中华书局的总经理，金灿然爱才心切，对王任叔的事情时刻挂在心上。1960年2月，他就此事专门发文给中国科学院哲学社会科学部，档案中这样记载：

（60）编字第374号

（中国科学院哲学社会科）学部：

　　兹将古籍整理出版规划小组成员名单列表送上，请查收。你部填发聘书20份，除王任叔的一份齐燕铭同志指示缓发未发外，其余均已转发。王任叔名单中未列。

　　此致

敬礼！

1960年2月16日 ①

在金灿然的努力下，古籍小组人才队伍逐步建立健全起来了。有了人才作基础，古籍整理出版工作也得以顺利展开。

古籍整理出版规划小组成立之初的主要任务之一，就是制定整理出版文史哲古籍的十年规划，当时确立的目标是，"在规划小组的领导下，应当动员和组织有关力量，在十年至十五年之内，分期分批地把我国古代和近代以至'五四'以前的主要学术著作有计划有系统地整理和出版" ②。

---

① 齐浣心：《古籍小组成员轶事》，《出版史料》2015年第1辑。

② 全国古籍整理出版规划领导小组办公室编：《功在千秋的事业——新中国古籍整理出版成就》，中华书局2003年版，第38页。

　　金灿然在广泛征求意见的基础上，编制了一份宏大的古籍整理出版计划，并着手逐步实施。

金灿然（1913—1972）

青年时期的金灿然

新中国成立初期，金灿然与妻子张苑香^①

1955 年，金灿然与妻子张苑香及儿子金培华

1959年5月1日，金灿然（右一）
拜访陈垣（右二），陈乃乾（右三）、
潘达人（右四）一同前往

1961年7月，金灿然（二排左二）参加历史学家内蒙古考察团时，与内
蒙古自治区主席乌兰夫、范文澜、翦伯赞、吕振羽等人合影

陪同外国专家登长城，左三为金灿然

金灿然与妻子张苑香、儿子金培华等人合影

北京北海公园留影 1962.3.

1962 年 3 月，金灿然（后排左三）与友人在北海公园合影

1962 年，金灿然在北京翠微路 2 号院的生活照

1965 年，金灿然与中华书局青年编辑何双生

标点"二十四史"及《清史稿》同人合影，照片中人物姓名为启功亲笔题写（1973 年）

第五章

制订古籍整理出版重点规划

　　我国的古籍浩如烟海，且文字古奥，在传抄、版刻的过程中产生的错误很多，若没有经过标点、校勘等整理，读者使用起来很不方便。中华人民共和国成立前后，我国古籍整理处于一种松散状态，出版情况比较零碎。金灿然一直在思考，如何能够在若干年以后，把我国的古籍，按照其性质，大体上清理出来？古籍小组成立后，这个问题有了明确的答案，那就是制订一部古籍整理出版规划，有计划、有系统地把古籍整理出版工作开展起来，辨别精华与糟粕，批判地继承传统文化，按照古籍的重要性分出轻重缓急，有目的、有选择、有计划地整理和出版。

在《三年至八年内整理出版古籍的重点规划（草稿）》中，金灿然引用了毛泽东在《新民主主义论》中的一段话："清理古代文化的发展过程，剔除其封建性的糟粕，吸收其民主性的精华，是发展民族新文化提高民族自信心的必要条件；但是决不能无批判地兼收并蓄，必须将古代封建统治阶级的一切腐朽的东西和古代优秀的人民文化即多少带有民主性和革命性的东西区别开来。"① 在《整理和出版古籍十年（1962—1972）规划（草案）》中，金灿然进一步明确，"使古代文化中的有益部分为社会主义建设服务，为发展和繁荣社会主义的新文化提供必要条件，这就是我们对待文化遗产的根本方针，也是我们整理和出版古籍的目的。"

一、重视规划制订

古籍整理出版规划小组的成立，是新中国文化事业史上一个里程碑式的举措，意义重大，影响深远。齐燕铭、金灿然等在组织、开展古籍小组活动期间，做了大量基础性工作，极大地推动了古籍整理出版事业的发展。在酝酿成立古籍小组过程中，齐燕铭和金灿然就已经在商讨并启动了古籍规划的制订工作。在他们的努力下，新中国成立后的第一部古籍整理出版重点规划方案初步形成，这使得我国古籍图书的整理、出版工作有了统一部署和统一规划，整体工作的前瞻性、目的性极大增强。

1958 年 2 月，召开古籍整理出版规划小组成立大会前，金灿然

---

① 毛泽东：《新民主主义论》，载《毛泽东选集》第二卷，人民出版社 1991 年版，第707 页。

与齐燕铭商量，大会上要明确哪些问题，解决哪些问题，他们一致觉得，古籍整理出版的一些重大事项如出版方针、组织机构、任务计划等，一些具体问题如古籍图书的整理方法、读者对象、作者队伍、编辑队伍等，都要听取古籍小组成员及其他与会者的意见和建议。因此，与会者在成立大会上就这些议题畅所欲言，展开了热烈讨论。与会人员达成共识，要把全国的古籍整理出版力量组织起来，按照古籍出版的长远规划和年度计划，把我国现存古籍，有计划、有系统、分期分批地整理和出版——这是古籍小组的重要使命，也是每一位古籍整理出版工作者的神圣使命。

会后，金灿然即着手展开工作。他在 1949 年前后，从事党的宣传、出版工作时积累了丰富的编辑工作实践经验和理论经验，这在开展古籍整理出版工作时全部得以展现，使得他在部署和落实工作时显得游刃有余。在工作中，金灿然非常明确要抓大放小，最突出的一点，就是他对编制规划尤其重视。金灿然对当时担任中华书局总编室主任的俞筱尧说过："一个出版社，编辑选题计划是实现方针任务的保证，也是具体的工作纲领。但是要编好编辑选题计划并不容易。""对中华书局这样的专业出版社来说，首先必须研究和了解党和国家关于社会主义建设的大计方针，忘记了这个前提，我们的工作就会走到邪路上去，或者会把它摆在不恰当的位置上。对读者的需要，对作者、学术机关的研究项目、写作计划以及他们的需要，都要进行广泛深入的调查，对自己的编辑出版力量也要有正确的估计。只有弄清楚了这些情况，我们的计划才有可靠的依据。"[①]

---

① 俞筱尧著，沈芝盈编：《书林随缘录》（增订本），中华书局 2007 年版，第 127 页。

金灿然还特别强调在落实和实施规划的时候，要考虑当前的中心工作，但是读者的需要是多种多样的，配合中心工作的方式也需要是多种多样的，"整理出版古籍尽管大多不是直接配合这项或那项中心工作，但传播了历史文化知识，对读者提高文化修养，增长才干有好处，这也就为建设社会主义作出了贡献"①。他还说："出书和办报有共同的方面，那就是它们都是团结和教育人民的手段，都是以马克思主义理论和文化科学知识来武装人民、鼓舞人民。但是两者又有各自的特性，我们不能以办报的办法来办出版社，尤其像中华书局这样的专业出版社。"②

二、编制古籍规划

1958 年 5 月中共八大二次会议召开，正式通过了"鼓足干劲、力争上游、多快好省地建设社会主义"的总路线。为了新中国的建设事业，全国人民个个满腔热血，全身上下似乎有着使不完的劲儿，争先恐后地贡献着自己的力量，各行各业呈现出"鼓足干劲，力争上游"的景象，继而全国上下掀起了实现工农业生产高指标的热潮，文化、教育、卫生等事业也同样被带动起来，开展"全民大办"，追求"高指标"。

在这样的大背景下，古籍规划的制订也必然带有历史的痕迹。金灿然和齐燕铭对规划的制订非常重视，经常一起商讨相关事宜。他们

---

① 俞筱尧著，沈芝盈编：《书林随缘录》（增订本），中华书局 2007 年版，第 127 页。
② 俞筱尧著，沈芝盈编：《书林随缘录》（增订本），中华书局 2007 年版，第 127 页。

不仅从党和国家的大政方针出发，对古籍规划进行宏观把控，还就具体选题、分类，对规划的编制工作给予指导。金灿然知人善用，对专家学者十分尊重和信任。规划的起草工作由古籍小组下设的文学组、历史组、哲学组三个小组各自承担，负责人分别为郑振铎、翦伯赞和潘梓年，可以说是最合适的三位专家。他们有工作热情、有工作能力。金灿然在工作方面尽可能地提供便利，在生活上给予关心和照顾。特别是尊重三位负责人在编制过程中的思路和想法，让他们充分发挥聪明才智，从项目的确定到版本的选择，都由他们来确定。

规划又"快"又"好"地完成了。所谓"快"，古籍小组成立之后不到半年，就于 1958 年 6 月完成了《整理和出版古籍计划草案》的制订；所谓"好"，完成的这个古籍规划称得上是规划中的"巨无霸"、"航空母舰"，规模出奇的大——列入的项目多达 6791 种，其中文学部分有 3383 种，历史部分有 2095 种，哲学部分有 1313 种。文学、历史、哲学三部分规划各自独立成册，分别由三位负责人撰写了起草说明。今天回头看这个古籍规划，当时过于追求"高指标"，以至于它大得难以完成，从可操作性的角度来说，它并不够完美，在实施的过程中是极易流产的。但这个巨大的古籍规划，它的价值无可否认。古籍小组从浩如烟海、数量庞大、尚未摸清家底的古籍中精选出有价值和有必要整理出版的项目，达到几千种，这种工作量没有相当的革命热情和坚定的意志，可以说是无法完成的，更何况这个古籍规划还将若干古籍项目注明了版本，这确实不是一件容易的事情。其中很多项目，迄今尚未整理出版。从学术的角度看，这一版本的古籍规划，是有着它的历史意义和价值的，此后制订的若干个古籍整理出版规划，多多少少都参考过它。

这个古籍整理出版规划，因其规模巨大，实施起来显然难度很大，以当时的古籍整理力量、出版力量，可以说是无法完成的。齐燕铭和金灿然清醒、敏锐地意识到了这一点，因此，这一版本的《古籍整理出版规划草案》并没有正式发布，一直以草案的形式存在，但对这个《草案》的修订一直没有停止。

金灿然多次召开会议，组织中华书局编辑部同人参加《规划》（草案）的讨论，听取学术界、出版界对古籍规划的意见和建议，广泛征求专家、学者的意见，反复讨论、论证。这种讨论会，金灿然还经常请古籍小组组长齐燕铭参加，而齐燕铭也非常支持金灿然的工作，只要有时间，就和大家一起开会，参与讨论。

在编订规划过程中，齐燕铭和金灿然一致认为要分清读者对象，将规划重新分类编辑，分为"干部和学术读物"与"科学研究工作者和教学工作者的参考书"两个部分。普及性比较强、有着较强的现实意义的古籍图书，能够有效提高干部政治修养的，放在"干部和学术读物"类，进一步细分为"古籍读本"、"古籍普及读物"、"古籍今译本和改写本"三部分；对专家、学者在研究工作中有参考价值、学术性强、较生僻的古籍图书，放在"科学研究工作者和教学工作者的参考书"类，进一步细分为"历代名著"、"专题史料汇编"、"工具书"三部分。1960年10月，调整后的《三年至八年（1960—1967）整理和出版古籍的重点规划（草案）》完成，这个规划针对性更强，共列入古籍选题500种，500种选题的规划规模比较适中，在组织实施过程中，可操作性更强。三年至八年规划的提出，是将这个规划收入的选题又细分为两部分，一部分争取在三年内完成，一部分争取在八年内完成。

这个规划的制定与实施，具有重大而深远的里程碑意义，这是古籍整理出版规划小组成立以来，我国颁布并实施的第一个古籍规划。这个规划，体现出了古籍小组对我国古籍整理和出版有着全面、长远的思考和发展规划。这个规划的实施，极大地增强了古籍整理出版工作的目的性、方向性，极大地鼓舞了古籍整理出版工作者的积极性，激发了他们的创造性。也是因为这个规划的颁布与实施，使得我国能够在相对短期内，高质高速地整理出版了一大批古籍图书，掀起了新中国第一个古籍整理出版高潮。在整个规划的制定、颁布与实施过程中，金灿然密切关注、深入思考、极力推进，功不可没。

《三年至八年（1960—1967）整理和出版古籍的重点规划》经中央宣传部批准后，金灿然与古籍小组组长齐燕铭同心协力，共同推动工作的开展。齐燕铭专门致函时任教育部部长的杨秀峰，希望高等学校能够积极协助整理古籍。随后，在 1960 年 10 月，中华人民共和国教育部向全国各省、市、自治区的教育厅（局）及相关综合大学、高等师范院校发出了《关于请有关高等学校协助整理古籍的通知》，《通知》中强调："有计划有系统地整理出版我国古籍，是批判地继承历史文化遗产的一个重要组成部分，也是为着发展和繁荣社会主义、共产主义新文化的一个必要条件。"为了这个远大目标，本着调动全国综合性大学和有关研究机构整理古籍积极性的目的，希望承担古籍整理出版规划项目的高等院校，能够而且应该采取一些具体的、有效的、强有力的措施，加强对落实古籍规划的领导作用，并给予具体指导，争取尽快完成古籍整理出版规划的实施。

"二十四史"整理工作列入规划并出版了"前四史"，古代诗文总集和重要类书相继出版，规模空前。入选首批优秀古籍整理图书目录的点校本《二十四史》和《全宋词》、《全元散曲》、《文苑英华》、《永乐大典》、《古本戏曲丛刊》等，就是第一次规划的产物。

三、征求意见建议

规划发布后，金灿然意识到仅仅依靠专家和中华书局的部分编辑人员，制订出的古籍规划存在着一定的片面性，要多听取古籍整理学术界、研究界和出版界的意见，集思广益，才能将第一个古籍规划打磨得更加成熟、完善，才能更好地发展我国的古籍整理出版事业。因此，金灿然通过多种方式听取各界对古籍规划的意见和建议。

（一）召开座谈会

座谈会是能够最直接、最高效地听取相关人员对古籍出版规划的意见、建议的一种方式。为此，金灿然曾多次召开中华书局、古籍小组成员的座谈会，听取大家对古籍规划的意见、建议。召开座谈会之前，还会给拟请与会专家发去征求意见函，给专家充分的准备时间，对规划进行考虑。同时，金灿然还会将古籍小组组长齐燕铭请来，一起参加讨论，这样，一方面齐燕铭能够最直接地听取大家的意见，另一方面齐燕铭也能够最直接地给予宏观指导。

在这种小范围的座谈会之外，金灿然还充分发挥他在学术界的影响力，借助参加中国科学院哲学社会科学部会议的机会，听取与会人员对古籍规划的意见。1960 年 11 月 24 日至 12 月 13 日，中国科学院哲学社会科学部在北京召开了学部委员会第三次扩大会议，金灿然充分利用此次机会，专门开了一次"会中会"——听取与会的学部委员和各地代表对古籍规划的项目、实施等的意见和建议。金灿然全程参加会议，并作了详细的会议记录。

学部委员和其他与会代表对古籍小组的工作非常支持，也很重视和关心古籍整理、出版工作。当时与会代表有学部委员吴玉章、黎锦熙、陈翰笙、翦伯赞、王力、魏建功、吕振羽、侯外庐、吕叔湘、冯至、吴晗、丁声树、千家驹、夏鼐、季羡林、陆志韦、嵇文甫、吕澄等人。此外，朱光潜、王一然、李培南、韩树英、孙冶方、萧文玉等也参加了这次会议。所有与会人员都积极发言，充分表达出他们对古籍规划的意见。

这些意见和建议归纳起来主要有四个方面：

一是关于历代名著和古籍选注方面。他们认为，古籍整理、出版工作应该既照顾到专家的需要，又照顾到一般读者的要求，可以为写旧诗的人重印一些韵书，为一般读者重印《文字蒙求》之类的作品。还应该整理出版一些明清的诗集和说唱文学，以及《正字通》和《广雅疏证》等。

二是关于专题史料汇编方面。他们认为，应该加强考古资料的汇编和整理工作。中国有很多亚非史方面的史料，应加以分类整理，然后在这一基础上写出书来。还要重视档案资料和史料的整理出版，比如美国帮助蒋介石打内战的史料；拉丁美洲华工史料；古代中外关系史料等。

三是关于工具书方面。他们提出，在保障《康熙字典》、《辞源》等工具书印刷的基础上，应该组织《汉语大辞典》编纂委员会，进行

《汉语大辞典》的编纂工作。他们认为，汉语历史久长，文献丰富，但至今尚无一部翔实记载词汇历史发展的辞典。为了总结前人在音韵、训诂、文字方面研究的成果，推动汉语研究的进一步开展，编纂这样一部辞典，意义极为重大。

四是关于加强史学编纂和研究方面。他们认为应该加强中国哲学史、中国逻辑思想史、东方哲学史以及边疆史等的编纂和研究。

这些意见和建议，经金灿然和古籍小组办公室整理，具体落实到古籍规划中，从而极大地丰富了规划的内容。

（二）听取高校意见建议

《三年至八年（1960—1967）整理和出版古籍的重点规划（草案）》制订完成后，金灿然要求古籍小组办公室将其寄往全国各地有关高等院校和研究机构，请他们认真阅读，深入研究其科学性与可操作性，提出具体意见和建议。

北京大学、中国人民大学、四川大学、上海师院、吉林大学、江西师院、杭州大学、武汉大学、语言研究所和河北语文研究所等单位，经过认真研究，提出了许多建设性的意见和建议，归纳起来主要有三个方面：

一是关于干部和学生的读物选题的意见。

建议规划中增加《文天祥诗选》、《墨经选注》、《仲长统文选注》、《王符文选注》、《陆贽文选注》、《元结文选注》、《罗隐文选注》、《张载文选注》、《罗钦顺文选注》、《刘师培文选注》和《皮锡瑞文选注》、《朱熹文选注》等。

二是关于历代名著选题的意见。

文学方面的选题，建议规划中增加《陆游词笺注》、《陈亮词笺注》、《宋文鉴》、《金文最》（60卷本）、《明文海》、《建安七子集校补》、《诗品》、《杜牧集》、《李后主词》、《唐五代词》、《全宋诗》、《谢朓集》、《江淹集》、《韦应物集》、《全宋诗》（新编、校点）、《中国古代神话集》、《先秦寓言集》、《中国古代短篇小说集》、《王昌龄集》、《夏完淳集》等。

哲学方面的选题，建议规划中增加《王夫之全集》、《章炳麟全集》、《明儒学案》、《广理学备考》等。

历史方面的选题，建议规划中增加《明实录》、《古本竹书纪年》、《明清笔记类编》、《续通鉴长编》、《水经注疏》、《大清律例》等。

三是关于专题史料汇编和工具书的意见。

文学方面建议增加建安七子和苏轼、黄庭坚作品。

哲学方面建议增加《中外文化思想交流史料》、《中国美学史料》、《少数民族哲学思想史料》以及老子、孔子的教育思想资料。

历史方面建议增加《唐墓志文录》、《清代碑传全集》、《宋人文集篇目索引》等。

这些高校意见建议大部分被采纳，充实到古籍规划中，极大丰富了出版规划的内容。

（三）上门拜访和刊登来函

金灿然还在繁忙工作中抽出时间，上门拜访，专门听取了陈垣等老专家、学者对古籍规划草案的意见。这种个别访谈，针对性很强。在征求意见时，金灿然作为一名长期从事党的宣传工作的老党员，充分发挥出了他与专家打交道的经验。金灿然对专家的态度始终是热情的，征求意见时表现出他最真诚、最谦逊的一面，因此和专家沟通时的氛围特别放松，很多专家都敞开心扉，非常坦率地表达出自己对规划的意见。事实证明，这种征求意见的方式是非常行之有效的。金灿然还在《古籍整理出版情况简报》上刊登了关于古籍规划草案的来函。金灿然知道，刊登来函是充分发扬民主、让最广大的读者能够畅所欲言的一种方式，能够最直接地反映出读者对古籍规划草案的意见。1961 年第 5 号《古籍整理出版情况简报》就刊登了《罗继祖对古籍整理出版工作的意见（古籍规划）》。罗继祖对"干部和学生读物"和"研究工作者参考书"选题部分，充分表达了自己的意见和建议，他认为规划中的诗文选注本类选题不宜过滥，如仲长统、王符文本不多，如注即不必选，或将有关几家合注一本。刘师培、皮锡瑞的文集不必加入选注。他认为《全宋诗》的编辑工作应当做，历来选唐诗的多，选宋诗的少，宋诗也有着唐诗所没有的长处，不应抹杀。各朝纪事本末重印加标点，他认为这个工作可以做，但不太必要；如按新观点重新改写更无必要。《通鉴考异》已附印《通鉴》内，不必再印单行本。《清会要》例事太多，没有必要全部校点，可择其要校点一部分印刷出版。他还建议当时各省、市图书馆藏书中还有不少孤本或罕见的史料，应尽可能搜辑传布，他举例说《北京图书馆藏善本书目》中列有一部《鸭江行部志》，是从《永乐大典》中辑出的，从未印行。稿本先归盛昱，后归朱希祖。朱希祖做过考证，书却从未示人。现在稿本存于中国国家图书馆，被视为孤本。中华书局对这类有价值的孤本应担负起传布的责任，并随时了解类似情况。

四、落实承担单位

《规划》中收入的项目，主要是落实到一些相关的高等院校。《三年至八年（1960—1967）整理和出版古籍的重点规划（草案）》制订后，金灿然便将其分别寄到各地综合大学和师范大学的中文系、历史系，广泛征求意见。各高校非常支持古籍小组的工作，都结合各自学校的特点和优势，讨论并安排了相关整理工作。

北京大学承担了规划中"干部和学生读物"部分的《中国文学史参考资料》（选注）、《历代寓言选》（选注、选译）、《历代散文选》（选注）等；承担了"历代名著"中的《楚辞》（新注）、《贾谊集》（新注）、《陈子昂集》（校注）、《王维集》（新注）、《韩愈集》（新注、集解）、《柳宗元集》（新注、集解）、《欧阳修集》（校注）、《龚自珍集》（校注）等；承担了"专题资料汇编"中的《楚辞长编》等。

南开大学承担了规划中"干部和学生读物"部分的《唐诗》（选注）、《曲选》（选注）、《李玉戏曲》（选注、改写）等；承担了"历代名著"中的《文心雕龙》（新注）；承担了"专题资料汇编"中的《曲话丛编》等。

东北师范大学承担了规划中"干部和学生读物"部分的《先秦两汉三国晋南北朝诗》（新编、校点）。

山东大学承担了《中国古典文学家辞典》。

南京大学承担了"历代名著"中的《汉魏南北朝名家诗文集丛刊》（校点，据旧有版本增补修订）；承担了"专题资料汇编"中的《诗经》、《楚辞》、古代小说、古代戏曲的研究资料汇编。

复旦大学承担了规划中"干部和学生读物"部分的《中国文学批

评论文》（选注）、《历代讲唱文学》（选注）、《明清戏曲》（选注改写）等；承担了"历代名著"中的《乐府诗集》（校点）、《唐代传奇丛刊》（新编、校点）、《李白集》（新注）、《梅圣俞集》（校注）等。

杭州大学承担了规划中"干部和学生读物"部分的《词选》（选注）、《辛弃疾词》（选注）、《晚清传奇》（选注）等；承担了"历代名著"中的《刘禹锡集》（校注）、《陈亮词》（笺注）、《陆游词》（笺注）、《辛弃疾集》（校注）等。

四川大学承担了规划中"干部和学生读物"部分的《苏轼诗文词》（选注）；承担了"历代名著"中的《文选》（集解）、《苏轼集》（校注）、《汤显祖戏曲集》（新注）等。

云南大学承担了规划中《中国少数民族诗文》（选注）。

北京师范大学承担了规划中"干部和学生读物"部分的《历代民歌》（选注、选译）、《先秦散文》（选注、选译）、《汉魏南北朝散文》（选注）、《唐宋散文》（选注）等。

华东师范大学承担了规划中《古代小说》（选注）、《变文》（选注）等。

陕西师范大学承担了规划中《李玉戏曲集》（校注）等。

五、广泛动员各方力量

到 1961 年年底，在古籍整理出版规划小组的领导下，全国有古籍图书出版范围的出版社，共整理出版古籍图书 1400 余种，其中普及类、供广大干部学生阅读的有 200 余种，供研究工作、教学工作使用和参考的有 1200 余种。

当时列入规划的项目，基本上是希望在八年内，即 1967 年年底以前，能够全部整理、出版并与读者见面，其中有部分项目还要争取在三年之内即 1962 年年底前出版。金灿然对规划的落实和实施，有着充分、细致、客观的考虑，把规划项目按轻、重、缓、急分出先后，陆续出版。

1960 年至 1962 年，三年至八年古籍规划中的项目《册府元龟》、《太平御览》、《太平经合校》、《太平广记》、《全唐诗》、《陶渊明诗文汇评》、《王船山诗文集》、《孔尚任诗文集》、《庄子集释》等陆续整理完成并出版。古籍规划的制订和完成，掀起新中国成立后首个整理出版高潮。在当时，这个"具体贯彻毛主席关于批判地继承我国历史文化遗产的有益措施"可以说初见成效，对发展和繁荣社会主义文化有着积极意义。

三年至八年古籍规划的实施，其更重大的意义在于，围绕规划的落实和完成培养了一批整理、出版古籍的人才。规划制订后，为了更好地实施规划、做好古籍整理出版工作，金灿然在不同的场合、不同的会议上，对从事出版工作的编辑经常强调一点，要为培养、团结一支强大的古籍整理作者队伍做出努力。特别是对中华书局的编辑，金灿然对他们的要求更高。金灿然说，中华书局有责任为作者提供和创造各种写作条件，让那些有真才实学、严谨踏实的作者，他们的著作能够得到出版。当时在中华书局编辑部形成了经常讨论古籍选题、关注古籍整理学术信息、出版古籍要考虑读者对象、写好古籍整理图书的前言等良好传统，这些传统在中华书局历任总经理、总编辑的继承下，直至今日还保持着，并得到了不断发扬。

庞大的古籍规划，其出版工作不是中华书局以一己之力能够完成的，其整理工作也不是几家高校、研究机构能够担负起来的，金灿然对这一实际情况看得非常清楚。他提出要举全国之力、群策群力，动员每一位从事古籍整理、出版工作的人员都要参与进来，为我国第一个古籍规划的完成，为我国的古籍整理出版事业的发展，贡献出自己的聪明和才智。

金灿然首先明确了有能力从事古籍整理工作的专家有哪些。一是研究人员，以中国科学院（现中国社会科学院）的历史研究所、文学研究所等相关研究所的研究人员为主；二是高等院校的教授、讲师；三是出版社的编辑；四是社会力量，包括图书馆、文史馆及行政部门相关研究人员。金灿然认为，应将这些人员全部动员起来，参与到古籍整理出版工作中，特别是要参与到古籍规划的实施中来。但涉及的单位很多，协调工作显得尤为重要，必须有一个"牵头"单位主其事。在当时，这个工作只能而且也必须由国务院科学规划委员会下属的古籍整理出版规划小组担起来。金灿然担负起了动员、协调的工作。在这个过程中，金灿然对古籍整理工作的热爱、高度负责的献身精神、高超的协调领导能力，得以全面体现。

古籍小组组长齐燕铭说过，不对古籍整理出版工作进行全面规划，就无法做到有计划、有系统地把我国浩如烟海的古籍按照我们的需要分期分批地整理和出版；就不可能按缓急先后满足各方面读者的需要；也不能把全国有限的整理古籍的专业人才，合理地组织起来进行工作；更不能使古籍整理和出版工作提高质量、迅速发展。古籍整理出版规划小组很好地承担和完成了这一使命。

"文化大革命"结束后，古籍整理出版工作逐步恢复、顺利开展，这是与齐燕铭、金灿然在制订规划和具体实施方面打下的基础分不开的。至今，各古籍出版社，包括中华书局出版的古籍中，还有不少是当年落实和已经交稿的项目。

第六章

创办《古籍整理出版情况简报》

《古籍整理出版情况简报》自 1958 年创刊至今，已出版 560 余期，真实、客观地记录了我国古籍整理出版事业的发展历程，它的创办、编辑、出版、发行，倾注了金灿然的大量心血。

一、明确办刊宗旨

古籍整理出版规划小组成立后，古籍整理出版工作健康发展起来。为了交流古籍工作的情况和总结经验，迫切需要在古籍整理出版规划小组、出版社、学术界及读者之间架起一座沟通的桥梁——即需要办一份为古籍整理出版工作服务的刊物。经过金灿然与古籍小组组长齐燕铭精心研究和筹划，1958 年 12 月，这个刊物终于问世了。齐燕铭非常重视这份刊物，他亲自拟定了刊物的名称——《古籍整理出版动态》(一年后更名为《古籍整理出版情况简报》)①，并亲笔写下刊名。

《古籍简报》是当时全国范围内唯一的一份古籍整理出版方面的刊物，比较全面地宣传报道了我国整理出版古籍的方针政策和计划、整理出版古籍经验、相关学术活动及海外对我国古籍整理出版的评价等，在推动我国古籍整理出版事业的发展方面，其积极引领作用不可低估。《古籍简报》创刊至今已 60 年，共出版了 560 余期，是我国古籍整理出版史的见证，历来为出版界和学术界所重视。

《古籍简报》的具体编辑、印制、发行等工作，由古籍整理出版规划小组的办事机构中华书局负责，具体工作落实到中华书局的总编室，而终审和把关的职责自然而然地就压在了金灿然的肩上。金灿然对这个刊物十分重视，对每期刊物都进行整体设计，全面把关。

《古籍简报》创刊之初，办刊条件很差，不能铅印，只能铅字打印、刻钢板。第一期只有 8 页，仅作内部交流之用，这份刊物在此后相当长的时间内一直保持"内部刊物"的身份。刊物最初由李侃（后任中华书局总编辑）负责，1959 年，担任中华书局总编室主任的俞筱尧接任了这份刊物的编辑工作，他在《金灿然同志，我们永远怀念你！》一文中这样写道："灿然同志十分重视讯息的沟通和交流，由中华书局总编室具体负责，编印《古籍整理出版情况简报》的小刊物。……由于报道灵活及时、篇幅短小、涉及面广泛，成为中华书局

---

① 为行文方便，下文简称《古籍动态》或《古籍简报》。

和学术界联系的工具，颇受各方面欢迎，有的报道还经常由他报刊转载。"①

这份"内部刊物"虽然没能公开发行，且印量不多，但宗旨明确，内容丰富。《古籍动态》的创刊前言由金灿然拟定，明确了刊物的宗旨和刊发的主要内容。概括起来有5点：

一是报道关于整理古籍的方针、方向的意见；

二是报道重要古籍的整理出版计划、出版情况和问题；

三是报道与古籍整理有关的重要学术动态；

四是集纳报刊上关于古籍的重要评论；

五是报道外国出版我国古籍的情况和关于我国古籍的论述。

在这篇创刊前言中，金灿然还专门写道："希望有关部门和有关同志随时向我们提出意见和供给稿件。"这篇创刊前言充分说明金灿然对刊物的定位在创刊之始就十分明确。

第一期《古籍动态》刊发文章10篇，包括重要的古籍整理和发行信息《中华书局整理二十四史方案》、《人民文学出版社将出版"中国古典文学理论批评丛书"》、《目前古籍发行的一些情况》、《中华书局将于1959年影印"册府元龟"》、《中国科学院哲学研究所编写"中国哲学史料丛编"》等，还刊发了《赵纪彬同志对古籍整理出版的意见（摘要）》，以及《日本平凡社出版中国古典文学全集》。

从创刊前言看，金灿然当时的眼界是很开阔的，能够将"外国出

———————

① 《书品》2012年第1辑。

版我国古籍的情况"列为刊登内容之一即可看出这一点。而其他几方面对文章内容的要求，在此后的办刊过程中都得到了充分的贯彻。实践证明，这份内部刊物的编辑出版是成功的，在古籍整理出版界、学术界都得到了认可。陈垣、翦伯赞、季羡林、任继愈、王仲荦等知名古籍整理专家，都曾在《古籍简报》上刊发过文章。

1959 年 11 月 25 日，《古籍整理出版动态》更名为《古籍整理出版情况简报》，刊名仍然由古籍小组组长齐燕铭亲笔题写，并且沿用至今，倏忽已一个甲子。更名后，《古籍简报》每期规模从 8 页逐步增加，最多时达十三四页，但出版频率一直保持一个月至少一期的节奏。

1961 年 1 月，为了更好地交流古籍整理、出版工作的相关情况，为研究机构、高等院校、读者和出版单位之间搭建起更好的沟通桥梁，金灿然将《古籍简报》出版宗旨和刊发内容作了一些调整，仍概括为 5 点：

1. 有关整理古籍的方针、政策和意见；

2. 关于古籍整理和有关书籍的编辑工作经验的总结；

3. 重要古籍整理、出版的情况和问题；

4. 有关的科学研究情况；

5. 外国汉学研究的主要情况和对我国整理出版古籍的重要评论。

与创刊之初相比，调整后的《古籍简报》突出了对古籍图书编辑经验的总结、对学术界古籍研究状况的关注，同时明确了对海外汉学研究情况的重视。

1966 年 5 月，《古籍简报》出版到第 78 期后停刊，总计刊发文章逾千篇。

值得欣慰的是，粉碎"四人帮"后的 1979 年 7 月 30 日，停刊 13 年的《古籍简报》复刊，刊头仍然沿用齐燕铭的题签，这一期刊发了中华书局总编辑李侃的文章《怀念金灿然同志》，向创刊人表达了致敬。《古籍简报》复刊的消息在 1979 年第 9 期《出版工作》上刊发。

二、组织作者队伍

1958 年年底《古籍简报》创刊时，办刊条件非常艰苦，作为内部刊物，带有一定公益性质，《古籍简报》一不给作者发放稿酬，二属于不定期出刊，三每期免费寄送专家、研究机构，这三点原因造成了《古籍简报》在社会上、学术界、出版界的影响力还不够大，这时的《古籍简报》作者队伍势单力薄，甚至可以说没有形成。初期《古籍简报》刊发的文章基本没有个人署名，大多署以某出版社、某研究机构或某高等院校供稿。此外就是简报编辑部根据会议信息、出版信息等整理和编辑的稿件，这类文章一般都短小精悍。当时《古籍简报》稿源严重不足，有时甚至出现"无米之炊"。

针对这种情况，为扩大稿源，金灿然一方面坚持向出版社、研究机构和高等院校约稿，一方面发动古籍小组办事机构——中华书局的编辑们亲自写作稿件。比如第 1 期《古籍简报》，编辑们组织撰写了

《中华书局整理二十四史方案》、《人民文学出版社将出版"中国古典文学理论批评丛书"》、《北京师范大学师生编选"中国古代民间歌谣选"》和《中国科学院哲学研究所编写"中国哲学史料丛编"》，将当时两大主要出版古籍整理著作的出版社、一所高校、一个科研机构的工作情况给予介绍。

金灿然还着力培养年轻作者。1961年国庆后，他约见了正值而立之年的白化文——后为北京大学教授，现已退休。这次约见，据白化文回忆，"对他的一生起了决定性的作用"。当时会面地点是北京翠微路2号院金灿然家的客厅，金灿然和白化文谈及古籍小组成员郑振铎的学术研究"既博且精"，并勉励白化文"当个小杂家也不错"。① 金灿然的这句话后来成为白化文的努力方向，他广涉博览，在敦煌学、目录学、佛教、民俗学及楹联文化等方面都取得了不凡的研究成果，并成为中华书局的重要作者之一。白化文当时承担起《古籍简报》有关海外汉学研究情况，以及海外对我国整理出版古籍的重要评论的收集、整理等方面的沟通和报道重任。白化文与姚鉴等在《古籍简报》上陆续刊发了《日本平凡社出版中国古典文学全集》、《捷克斯洛伐克对中国古典文学和历史的研究简况》、《日本岩波书店出版中国诗人选集》、《苏联出版古代中国的军事学》、《最近英美出版的两本有关"道德经"的书》、《日本一汉学家对邓之诚"东京梦华录注"提出批评》等文章，为国内古籍整理出版界、学术界提供了重要的海外信息，使得《古籍简报》在当时具有了国际视角，这为当时我国古籍整理出版界的专家、学者开阔眼界、增长见识打开了一扇窗。

---

① 白化文：《一以贯之地培养作者——一面、一指，一种杂志》，《光明日报》2002年6月11日。

在金灿然等人的精心培养和扶持下，这一时期的《古籍简报》培养出以白化文为代表的一大批青年作者。从创刊到"文革"停刊，不到 10 年的时间里，从《古籍简报》能看出金灿然对年轻学人的提携和影响，他对撰稿人的要求很明确，既要对古籍有较深入了解，又要具有较强的写作能力。

从 1962 年开始，《古籍简报》的学术气息越发浓厚、突出，当年第 1 期刊发了署名"吴燕"的文章《曹雪芹逝世 200 周年是 1963 年还是 1964 年?》，文章中将周汝昌、俞平伯、曾次亮、吴恩裕及吴世昌等人的不同学术观点一一列出，并加以简要分析。同年第 3 期刊发了李时岳的署名文章《〈听雨丛谈〉的著作年代》，这是一篇学术味道很浓的商榷文章，作者认为中华书局出版的《清代史料笔记丛刊》之《听雨丛谈》一书的成书年代可能在"咸丰十一年"。同年第 4、5 期合刊刊发了姚鉴、傅璇琮的署名文章《杜甫作品在日本》，文章分杜甫诗集的翻刻和流传、杜诗的注释和研究及杜甫诗在日本文学上的影响三部分；第 10 期刊发了姚鉴、何嘉的署名文章《日本研究我国近代史的若干情况》，文章中提到："战后，日本对我国近代史的研究相当活跃，研究的人员也有增加，并且出版了几种集刊。这里发表的《日本出版的三种关于我国近代史的集刊》、《日本研究我国近代史的人员简况》和《东京教育大学历届毕业论文中有关我国近代史的题目》三份材料，供有关同志参考。"这些作者当时都比较年轻，如傅璇琮、程毅中，当时都只有 30 岁左右，在金灿然的鼓励下，业务能力不断得到提高，不仅成为《古籍简报》的作者，后来更一步步成长为中华书局优秀编辑、部门主任，直到担任中华书局的总编辑、副总编辑，他们的影响力也不仅仅局限于出版界，在古籍整理学术界同样成为知名专家。

在《古籍简报》办刊过程中，在提携、培养年轻作者的同时，金灿然还充分发挥作者队伍中名家的引领和拉动作用，充分利用《古籍简报》的阵地，大量刊发他们的文章。1962年第2期刊发了中国科学院经济研究所副所长严中平的署名文章《关于研究工作的基本程序要求和方法》，文章就编写高等学校文科教材《中国近代经济史》一书的一些具体问题，加以总结，提出学习经典、收集资料、逐步深入、力避烦琐等从事研究工作的需求和方法，供参加编写小组的人员参考。

当时为《古籍简报》撰稿的作者群中的知名专家，翦伯赞尤其值得一提。他是古籍小组成员，与金灿然等人共同积极推进、筹办北京大学古典文献专业，新中国成立后在中华书局出版了《历代各族传记汇编》、《中外历史年表》、《中国通史参考资料》等。这样一位中华书局的老朋友、金灿然的革命战友、中国著名历史学家、马克思主义历史科学的重要奠基人之一，在金灿然的努力下，成为《古籍简报》的重要作者，在《古籍简报》上刊发了多篇具有重要意义的文章。

为了扩大这些名家文章的影响和拉动作用，金灿然对名家文章的处理格外在意，不仅安排重要位置和版面，而且每篇都加按语予以导读，帮助读者加深对文章的理解。比如1961年7月出版的第10期《古籍简报》，刊登了翦伯赞的文章《对处理若干历史问题的初步意见》，全文一万余字，金灿然亲自撰写了编者按语："这份材料是翦伯赞为北京大学历史系编写《中国通史纲要》一书而草拟的。这里提出的一些问题，对历史研究和史料整理工作都很有启发。兹征得翦老同意刊载，供大家参考，但请勿公开引用。"从编者按中可看出，金灿然在《古籍简报》全文刊载翦伯赞的这篇文章，是十分慎重的。翦伯赞在《初步意见》一文中就当时学术界，特别是史学界存在的问题展开了论述，每一个问题的论述都旗帜鲜明地对主观主义、教条主义、虚无主义、浮夸、浮躁等不正之风表示反对，这在当时的学术环境下，写作者和刊用者都是需要极大勇气的。据张传玺在《翦伯赞与金灿然》一文中回忆，当时翦伯赞是在金灿然的一再鼓励和动员下，才决定在《古籍简报》上刊出这篇文章的。

《初步意见》在《古籍简报》刊发后，很快在学术界产生了较大反响，多家报刊以之为蓝本进行转载。

1962年第6号（6月18日）《古籍简报》刊发翦伯赞的《关于处理中国史上的民族关系问题》一文，这篇文章的初稿于1960年即已完成，但翦伯赞本人一直修订，从未示人。直到1962年上半年，翦伯赞为主持《中国史纲要》的初稿讨论有了一次江南之行，期间他在上海、南京等地作了几场学术报告，作报告时他把《关于处理中国史上的民族关系问题》一文的部分观点作了阐述，与大家交流，5月18日上海《文汇报》以《怎样处理历史上的民族关系和阶级关系——翦伯赞在上海所作的两次学术报告的摘要》为题，用半版的篇幅作了报道；南京《新华日报》在5月16日也作了详细报道。金灿然一直很关注翦伯赞的学术活动，他看了相关报纸后联系了翦伯赞，准备在《古籍简报》上全文刊发《关于处理中国史上的民族关系问题》一文。翦伯赞同意后，于6月5日把文章最后修订完成，此前报告中没有讲到的内容都完整呈现，他在文章中重点谈了"民族同化与民族融合问题"和"民族之间的战争与和平的问题"。1962年6月18日，第6号《古籍简报》将文章刊载出来，全文近两万字，共 17 页，一篇研究中国民族关系史的重要文献至此正式与世人见面。这期《古籍简报》印刷发行后，在学术界引起较大反响。

金灿然两次拍板，在《古籍简报》上全文刊发翦伯赞的两篇重要文章，而且基本上都是以专刊的形式登载，为翦伯赞提供了表达自己学术观点的阵地，这是金灿然为《古籍简报》拉动名家作者和尊重支持专家学者的典型事例，这也是金灿然表现出过人胆识的典型案例。

三、面向广大读者

《古籍简报》虽然是一份内部刊物，但当时在全国范围内逐步产生广泛影响。1961 年，《古籍简报》以较大篇幅刊登各高校、研究所等机构以及个人对《三年至八年（1960—1967）整理和出版古籍的重点规划（草案）》的意见，提出哪些项目可以增补到规划中去，当时武汉大学提出应当整理出版章太炎全集。时任杭州大学中文系主任的姜亮夫敏锐地关注到这一信息，并在与毛泽东秘书胡乔木会面时谈及此事。胡乔木对此也很重视，1962 年 9 月 14 日专门致函金灿然，谈到姜亮夫看到《古籍简报》上提出整理章太炎全集的建议但尚未落实整理者后，有了整理出版章太炎全部著作的意愿。当时中华书局为纪念辛亥革命 50 周年，已准备出版《章太炎政论选》、《国故论衡》、《检论》、《太炎文录别录》等图书，整理章太炎全部著作也初步落实了人选，所以最终整理章太炎全集一事并未落实给姜亮夫，但从胡乔木与金灿然的通信中，能够看出《古籍简报》当时在专家学者中，已经有较大影响，且颇受重视了。

为了保证刊物质量，金灿然对办好《古籍简报》煞费苦心。他常在编务会上讲，我们的《古籍简报》一定要上档次，绝不能流于一般。要上档次，就必须保证它的学术性；同时又不能脱离时代和群众，不能钻故纸堆，要加强与读者的沟通和联系，使之成为密切联系人民群众的桥梁和纽带。金灿然是这么说的，也是这么做的。平时金灿然特别重视征求古籍整理专家们对古籍整理出版工作的意见，这既是尊敬专家本人，更是尊重专家的学术观点。《古籍简报》创刊后，先后刊发了《赵纪彬同志对古籍整理出版的意见（摘要）》、《王仲荦对古籍整理出版工作的意见》、《陈援庵谈文风和资料工作》、《白寿彝谈史学遗产中的精华与糟粕的问题》、《戴逸谈整理出版中国近代史料问题》、《张静庐建议校订〈清德宗实录〉》、《关锋谈中国哲学史研究和古典哲学文献的整理》等专家有关古籍整理出版的意见和建议。对专家的研究工作和出版情况，以及已去世专家遗著的整理出版情况，《古籍简报》也给予特别关注、及时报道，先后刊发了《嵇文甫打算评点王船山史论》、《关锋完成新著〈庄子内篇译解和批评〉》、《清华大学张子高修改〈中国化学史〉》、《汪奠基编著〈中国逻辑史资料分析〉》、《高亨完成〈商君书译注〉》、《冯友兰旧著〈中国哲学史〉重印出版》、《广东整理杜国庠遗著》、《吴世昌新著〈红楼梦探原〉》、《正在整理、编辑的一批蒙古史著作》、《谭戒甫撰著〈西周金文综合研究〉》、《于省吾编著〈古文字源流表解〉》、《刘知己〈史通〉的几种版本》、《王力编写〈诗词格律〉》等，为广大读者提供了了解最新古籍整理著作及研究专著的渠道。

为了加强与读者的沟通，金灿然与《古籍简报》责任编辑俞筱尧专门沟通、商讨，要在《古籍简报》开设一个栏目，刊发编读往来，让《古籍简报》切实成为一座桥梁。

1961年《古籍简报》专门开设"读者·作者·出版者"栏目，先后刊登了《周谷城对整理出版古典文献的三点建议》、《马彦祥说戏剧界需要古籍和历史通俗读物》、《今年是刘基诞生650周年》、《如何全面评价陈子昂？》、《王仲荦对古籍整理出版工作的意见》、《再来一个编写历史小说的繁荣局面》、《上海苏继庼建议影印〈南海志〉》、《上海冶金专科学校陈玄建议新版古籍要用新式标点》、《汤志钧支持校订〈清德宗实录〉的建议》、《赵万里建议影印〈唐鉴〉》、《王南谈"阿坤鸦度"》、《张静庐为〈秋瑾集〉提供资料线索》、《柴德赓整理历代通俗演义》、《西北农学院石声汉建议重印〈经籍纂诂〉和〈辞通〉》、《戴裔煊对出版〈诸蕃志〉、〈名山藏〉等中外交通史籍的建议》等。这些文章体现出古籍整理专家对出版古籍的思考，体现出既是研究者又是读者的专家对急需整理出版古籍的建议。通过这个栏目，《古籍简报》体现出了它的桥梁、纽带、平台的作用。

金灿然和俞筱尧还意识到要听取《古籍动态》读者的意见，他们起草了一份发给《古籍动态》重要读者的一封信函，征求他们对刊物的意见和建议。信函内容如下：

_____ 同志：

　　寄上我局编印的内部不定期刊物"古籍整理出版动态"一份，供您参考，以后仍当按期奉赠。您对这个刊物的编辑出版工作方面有什么意见，至盼随时指示，又，投递地址是否快妥，有无改动，请随时来信示告。

　　此致

敬礼

中华书局总公司

编辑部

1959.9.2

　　这封信函发出后，得到《古籍动态》读者的热烈反响，不断收到反馈回来的信件。因为寄发的"读者"，很多同时也是中华书局和《古籍动态》的作者，他们的反馈是高质量的，随后《古籍动态》有选择地进行了刊发。1961年第2号《古籍简报》刊登了湖北武昌的侯迁建议出版朝鲜和越南的历史古籍的来函。侯迁建议中华书局出版研究朝鲜古代历史的重要参考书《李朝实录》、《东国通鉴》、《国朝实鉴》和《三国史记》，同时他还建议出版研究古代历史的重要参考书《大南实录》、《大越史记全书》和《越史通鉴纲目》。这些图书对研究中国历史有着重要意义，但因为种种原因，当时没有得到足够重视，此类图书的出版可以说存在着较大空白。侯迁在信中还细心地写道，建议出版的这些图书，底本可以到北京图书馆（现国家图书馆）查找，那里有藏本，其中《大南实录》北京图书馆所藏为缩微胶卷。

　　读者高连水在反馈信件中建议中华书局出版古籍的白话文翻译本。高连水在信中写道，很多古籍图书在出版时都会在书中附有注解，这很受读者欢迎，但对没有学过文言的读者，特别是一些革命干部来说，有些书仍然不能完全看懂。如果出版社能够为这部分读者编辑出版一些干部读物，把祖国的文化宝藏用白话文翻译出来，那一定能满足他们迫切的学习要求，比如，把《史记》、《世说新语》和《文心雕龙》等用白话文翻译，出版一个普及版本。

《古籍简报》在推动、组织整理出版古籍方面，也发挥着积极的作用。

1961 年，中华书局近代史编辑室计划整理出版林则徐、朱执信、廖仲恺等人的个人文集，金灿然对三部文集非常重视，他要求编辑室专门撰写了一则征稿启事，在当年第 2 期《古籍简报》上刊发。当时，中华书局已着手对三人的文集进行了相关的整理工作和编辑工作，但此三人的作品散佚的较多，收集起来难度很大。为了把工作做到位，使三部文集的内容更加充实、完备，以征稿的方式，对社会上个人手里存有的林则徐、朱执信和廖仲恺等人的论著和诗文以及公牍、书札、日记等进行征集，希望这些人能将手里保存的原件、抄本或照片类的历史资料，提供给出版社，这种方式在当时可以说开辟出了一条新路。征稿启事中专门说明，所征收材料一经采用，"当酌致报酬"。并承诺，如果提供的材料是原件，采用后会妥善归还。1962 年至 1965 年，中华书局先后出版了《林则徐集·日记》、《林则徐·公牍》和《林则徐·奏稿》，从而将林则徐的个人文集出版完成，这是首次将林则徐作品全面收集整理出版，学术价值、资料价值极高。《廖仲恺集》于 1963 年出版。因为种种原因，《朱执信集》直到 1979 年才由中华书局出版。三部文集的出版，都或多或少受益于《古籍简报》刊登的这则征稿启事。征稿启事的刊登，可以说充分体现了金灿然编辑出版《古籍简报》的方针和理念，他通过《古籍简报》与学术界、读者充分沟通，搭建起一架桥梁，为古籍整理出版事业服务，从而使得《古籍简报》在推动古籍出版方面极大地发挥了作用。

在古籍整理出版规范的问题上，金灿然精心组织刊发了若干文章，在探讨的过程中逐步确定了一些整理出版的规范，也引发了出版社、编辑的重视。

1958 年 12 月出版的《古籍动态》刊发了文章《关于整理出版古籍中撰写序言的一些情况》，文章针对当时已出版的古籍整理图书的序言情况进行分析，比如有的古籍图书不撰写序言、后记，直接印刷出版；有的撰写了序言，但只是简单介绍所据版本、作者生平等，对古籍图书的内容只字不提；有的序言在撰写时出现厚古薄今等倾向，等等。文章认为，古籍图书的序言非常重要，它要对读者的阅读起到一定的指导、帮助作用，除了介绍版本源流、翻刻经过等，还要有整理者、编辑的独立见解，对古籍图书的内容要有分析、有研究地介绍。文章最后对序言撰写进行了总结，影印、汇编类的古籍，撰写序言时要交代出版的目的，介绍整理的情况，指出原作者的观点；文学类古籍图书的出版，在撰写序言时要注意具体分析、指出原书的精华与糟粕，实事求是地对原书和作者进行评价；哲学类等古籍图书的出版，撰写序言时要作全面分析，指出书籍内容反映出的学术思想、政治思想的复杂性。文章还指出，撰写序言，可发动出版社的编辑，也可以组织社外的专家学者，但撰写人员必须对图书有深入研究，同时具有较强的写作能力。这篇文章虽然有着较为明显的时代特色，但今天读来，依旧有一定的启发性和指导性。

1959 年第 4 期《古籍动态》刊登了文章《对整理出版历代史料笔记的一些意见》，金灿然认为这篇文章很有意义，把它刊登在重要版面，并亲自写了按语。文中就史料笔记类古籍在整理编辑出版过程中碰到的一些问题进行了讨论，比如史料笔记内容广博，神怪荒诞记载不少，在编选过程中最好分类。在讨论史料笔记要不要加标题、要不要删削，经史考订类笔记要不要出版，野史、杂史可不可以列入史料笔记丛刊等问题的讨论中，意见并不完全一致，但这些问题的提出，为持续至今仍在出版的"历代史料笔记丛刊"提供了借鉴。

此外，在金灿然的精心策划下，《古籍简报》还陆续刊登了《中国科学院历史研究所提出编写"中国历史"的七个指导思想》、《对唐代几个诗人的不同评价》等文章，对古籍整理出版中共性的问题进行充分的讨论，为推动古籍整理出版逐步规范化起到了积极作用。

1959 年至 1961 年，物资极大匮乏，出版行业的纸张也极度紧张，为节约用纸，1960 年 12 月，金灿然专门给文化部递交了一份关于将《古籍简报》从油印改为铅印的报告。《古籍简报》自创刊以来一直油印出版，据金灿然对印刷用纸的计算，油印出版《古籍简报》一年，需要 18 令纸，而改为铅印后，《古籍简报》一年将节省 13 令纸，只需要 5 令纸即能满足印刷需求。金灿然是比较早考虑到通过油印改铅印方法来节约纸张的人，到 1961 年，出版行业开始较大范围提及此方法。

文化部接到金灿然的报告后，就此事还专门请示了中宣部和周扬同志。在这次请示中，文化部专门明确了《古籍简报》的"全部稿件由金灿然同志负责审查，重要稿件由齐燕铭同志负责审查"[①]，《古籍简报》大约每月 1 期，每期大约 12000 字，发行 600 份。

---

① 中国出版科学研究所、中央档案馆编：《中华人民共和国出版史料 10》，中国书籍出版社 2005 年版，第 445 页。

　　这份珍贵文件的原件，目前保存于中央档案馆，这也是我国出版史上有关《古籍简报》为数不多的一份官方文件。

　　中宣部于 1961 年 1 月 7 日电话答复文化部党组，同意《古籍简报》改为铅印，《古籍简报》实现了一次技术更新。

第七章

古籍整理出版人才队伍建设

　　金灿然担任古籍整理出版规划小组办公室主任伊始，全国的古籍整理出版人才队伍，包括中华书局编辑人员的情况并不乐观，甚至可以说相当匮乏。中华书局当时设有文学、古代史、近代史、哲学4个编辑部门，然而，能够胜任编辑工作的人员不到20人：文学组有5人，历史组有10人，哲学组有4人。其中业务水平较高、能够从事古籍整理出版工作的只有9人，大都年老体弱，平均年龄54岁。作为当时唯一一家整理出版古籍的专业机构，中华书局的人才都如此缺乏，那么全国的古籍整理出版人才情况更不容乐观了。

　　金灿然的压力很大，出版重镇中华书局担

负着重要的古籍整理出版工作，但却缺少能够担负起这项工作的编辑人员，这就像战场上，一项重要的战事即将打响，却没有能够冲锋陷阵的将军和士兵，对一名总指挥来说，最痛苦的事莫过于此。

如果说金灿然是"总指挥"，那么中华书局的副总经理、副总编辑就是"副总指挥"了，他们的情况又是怎样的呢？当时的副总编辑傅彬然已年过 60，身体状况不是很好，不能正常工作。副总经理过去虽有两人，但在 1958 年即相继调走，可见当时中华书局的领导力量也十分薄弱。

在这种情况下，金灿然对确有专长、政治素质过硬的编辑人员的渴求是十分迫切的。为解决这个问题，金灿然深思熟虑后断然采取了四项措施。

一、择优调入部分编辑

为了解决燃眉之急，金灿然打算为中华书局调入一批业务能力较强的编辑人员。

金灿然将他的想法和齐燕铭做了深入交流和沟通，最终二人达成共识，中华书局需要补充一批强有力的力量，需要一批有真才实学的编辑干部，为此，作为古籍小组组长、文化部副部长的齐燕铭，郑重向金灿然承诺，调动人员方面一定尽可能地给予支持，但需要金灿然提供一个人员名单，以便有的放矢，有针对性地将骨干力量充实到中华书局，必要时他还需要与中宣部协商。

在人员名单方面，金灿然做了大量工作，颇动了一番脑筋，通过各种渠道去了解相关专业人员的情况，他们的政治背景、学术能力、所在单位能否放行，等等。经过一段时间的积累，在中华书局内部讨论、研究后，金灿然提出了一个可调用到中华书局的人员名单，拟把他们调入中华书局，充实编辑力量。这个名单中有：唐兰、高亨、向达、刘盼遂、聂崇岐、隋树森、周振甫、韩儒林、任铭善、张舜徽、刘节、容庚、任二北、刘开扬、方龄贵、郭应德等。在人员情况介绍中，对每一个人的专业方向、能力所长都先做了介绍，如向达"熟悉我国中世纪资料，研究中西交通史，有编辑工作经验"，刘盼遂"对先秦两汉古籍有修养"，聂崇岐"研究宋史、官制史，主持编过引得。是编辑工具书的比较理想的人"，隋树森"为国内研究元曲的少数专家之一，也可以编工具书"，周振甫"有整理、注释古籍的经验"，韩儒林"研究蒙古史、畏兀儿史和藏族史，通英、法、俄文和蒙文，是国内少数民族史专家之一"，任铭善"研究文字学"，高亨"研究先秦古籍，有整理古籍的经验"，张舜徽"研究文字学，通版本目录"，刘节"研究古代史，长于考证、校勘"，容庚"研究古代文字和书法"，任二北"研究古代戏曲"，刘开扬"研究唐代文学，对古代史也喜爱，有编辑工作经验"，方龄贵"研究元史，愿意从事元代史料的整理工作"，郭应德"研究畏兀儿史和蒙古史，通阿拉伯文"等。接下来的介绍内容则强调"工作岗位不能使他集中力量发挥自己的专长"、"用非其所长"，有的还直接写到"不善教书，讲课不受欢迎"。金灿然从专业角度出发去考虑每一个人的工作情况，可谓知人善任，同时能看出，金灿然在用人方面，准备工作做得极其细致、周全。

上述名单中的人员并未顺利到岗，金灿然从其他渠道物色到的十几位专家很快调到了中华书局，加强了出版力量。然而，这对于大力发展古籍图书出版的中华书局来说，仍然是杯水车薪。怎么办呢？金灿然把目光转向了一个特殊的角落，提出了一个令人震惊的想法，并着手实施。

二、别具一格的用人之道

1957年"反右运动"中，全国大约有55万人被错划为"右派分子"，其中许多是知识分子，一些有着深厚国学功底、熟悉古籍整理出版工作的专家学者亦在其中。金灿然在亟需人才的情况下，敏锐地把目光投向了这些成为"弃儿"的"右派分子"身上，并有针对性地提出"人弃我取，乘时进用"的用人之道，打算把一些"右派"网罗于麾下。这个用人之道的提出，令很多人感到震惊，并规劝他要考虑后果，而金灿然并不在意。

在当时的政治形势下，任用"右派分子"这一举措是要冒很大风险的。当时谁也不敢与"右"字沾边，躲之唯恐不及，哪还敢"进用"？而金灿然却全然不顾个人得失。他认为，任用贤才是事业的需要，有这一条理由就够了，其他的就没必要多想。中华书局总经理王春在文章中曾这样回忆那段往事："他（金灿然）认为，'右派'中间有不少人是具有真才实学的，应该利用起来为社会主义文化建设事业服务；在政治上，可以改造。许多单位要把'右派'赶出来，我们可以从中精选出一批业务素质好的人到中华书局工作。"[1] 就这样，从1958年

---

① 王春：《以诚待士三十年》，载中华书局编辑部编：《回忆中华书局》下编，中华书局1987年版，第70页。

下半年开始，在金灿然的积极努力下，中华书局先后调进了几批被错划为"右派分子"或被错定为"内控对象"的专家、学者。此外，还聘用了一些失去公职的临时工参加古籍整理出版工作。金灿然招进来的这些人，每位都才华横溢。如曾任浙江省政协副主席、省文史馆馆长、文联主席的宋云彬，著作等身，他的《东汉宗教史》、《王守仁与阳明理学》在当时颇具影响。1957 年"反右运动"中，宋云彬被错划为"右派分子"。1958 年 4 月浙江省政协第 25 次常委会解除了宋云彬副主席职务，行政级别降为 14 级，工资由 232.55 元降为 131 元，房租则由 9.45 元增为 16.07 元。随后，家里的电话被拆去，并被要求搬离原住处，朋友们避而远之。这让宋云彬在杭州的处境十分难堪。金灿然曾与宋云彬共事过，深知其学养深厚且从事过编辑出版工作。于是通过中央统战部联系杭州方面，拟调宋云彬到北京参加中华书局的古籍整理出版工作。这次调动还比较顺利，1958 年 9 月 16 日，宋云彬正式调到中华书局担任编辑，自此，宋云彬的后半生就是在中华书局度过的了。宋云彬当时被安排在中华书局古代史编辑组，主要负责"二十四史"的整理、编辑工作，并很快进入工作状态，1958 年 9 月 22 日，宋云彬日记中专门记载了此事："余在（陈）乃乾之工作室草拟标点《二十四史》凡例。"宋云彬先后承担了《史记》的标点、编辑出版及历次重印等工作，起草了《史记》的出版说明和点校说明；承担了《后汉书》的点校工作，参与了《晋书》和《齐书》、《梁书》、《陈书》三书的责编工作。此外，还译注了《项羽》、《刘邦》等。在《史记》的整理过程中，金灿然与宋云彬的交流非常多，1958 年 9 月 26 日，两人谈《史记》的标点问题；27 日，宋云彬即将标点好的《史记》样张交给金灿然；30 日，金灿然组织顾颉刚、聂崇岐、齐思和、傅彬然、陈乃乾、宋云彬等专家开会讨论；11 月 6 日，金灿然再次召集顾颉刚、聂崇岐、贺次君、叶圣陶、王伯祥、宋云彬等座谈标点《史记》及其三家注问题。在金灿然的信任和支持下，几次专家座谈会后，宋云彬完成《史记》点校凡例，并成为《史记》整理工作的总负责人。

北京大学教授杨伯峻，1957 年被错划为"右派分子"后，被调到兰州大学中文系任教。杨伯峻著有《列子集解》（上海龙门联合书局，1958 年）、《论语译注》（中华书局，1958 年）、《孟子译注》（中华书局，1960 年）、《文言文法》（中华书局，1963 年）、《文言虚词》（中华书局，1965 年）等。其中《论语译注》一书因译文明白流畅，注释重字音词义、语法规律、修辞规律、名物制度、风俗习惯等的考证，社会影响很大，曾被香港、台湾翻印，被日本的大学用作教材。《论语译注》由中华书局出版时，杨伯峻仍然戴着"右派分子"的帽子，他在《"文革"也没割断我与孔子、孟子的缘分》一文中提到此事时写道："中华书局接到我《论语译注》清稿后，交童第德（中华书局编辑）审查并任责编。当时，出'右派分子'的著作，自是大胆！金灿然同志也因此受了批评。"今天看来，如果当时没有金灿然的"大胆"，《论语译注》也许就没有了面世的机会，更谈不上后来的影响力。后来，金灿然又顶住压力，颇费了一番周折将杨伯峻调到中华书局工作，杨伯峻在《我与〈论语译注〉〈孟子译注〉》[①]中回忆这段往事时写道："在兰州时间不到三年，忽然接到通知，调我回北京，到中华书局报到。"彼时为 1960 年，杨伯峻感慨道："提起金灿然，无论在中华书局，还是在学术机构，无论老专家，还是青年学子，凡是接触过他的人，回

---

① 杨伯峻：《我与〈论语译注〉〈孟子译注〉》，《书品》1987 年第 1 辑。

忆起来都感念不已。"①

　　傅璇琮，1955 年毕业留北京大学任助教，在政治运动中遭受到错误批判，被调至中华书局接受改造，傅璇琮因此走上了古籍整理出版与学术研究并行的道路，1962 年他撰著的《杨万里范成大资料汇编》在中华书局出版，同时他还策划、组织了大量古籍整理专著的出版，后担任中华书局总编辑，是学者型编辑的典范。

　　褚斌杰，1954 年北京大学毕业后留校，担任游国恩先生的助教，1958 年被错划为"右派分子"，调入中华书局，先后担任哲学、文学编辑室编辑，编辑整理出版了多种古代哲学、文学著作。1962 年，褚斌杰撰著的《白居易》一书由中华书局出版。

　　王仲闻，王国维次子，精熟唐宋文献，因莫名原因被强制退职，1959 年被中华书局文学组雇用为"临时工"，参与了《全唐诗》、《元诗选》等的编辑出版工作，校勘整理有《南唐二主词校订》（人民文学出版社，1957 年）、《诗人玉屑》（古典文学出版社，1958 年）等，参与《全宋词》的校订工作，校注《蕙风词话·人间词话》等。仅编辑《全宋词》一书，编校加工记录就达上千条，近十万字。

　　马非百，1957 年因言获罪，被错划为"右派分子"，1958 年 9 月与傅振伦一起，从中国历史博物馆调到中华书局，在古代史组担任编辑工作。

　　傅振伦，历史学家、文物博物馆学专家，1957 年被错划为"右派分子"，1958 年 9 月调到中华书局，在古代史组担任编辑工作。

　　中华书局的职工在 1957 年那场声势浩大的"反右"政治运动中

---

　　①　杨伯峻：《我与〈论语译注〉〈孟子译注〉》，《书品》1987 年第 1 辑。

也没能幸免，6月，卢文迪、章锡琛、陆高谊、丁晓先、方承谟、石础、李勉、李鋆培、王文靖、王子卿、熊尤金等16人被错划为"右派分子"。这些"土生土长"的老"右"们，先后调走了几位，金灿然对待其余人员仍一如既往，一视同仁，照用不误。

正因为金灿然不拘一格的用人之道，因此在20世纪50年代，他本人的政治处境也十分尴尬，常常受到批评和指责。有些应该传阅给他的文件，他无权浏览；有些应该他参加的会议，也不叫他参加。在配备中华书局古籍整理出版人才的问题上，他有许多无法言说的苦衷："他（金灿然）曾向齐燕铭推荐过一些专家。其中包括朱偰、宋云彬、杨伯峻、巩绍英等同志。宋、杨经齐燕铭协助，总算调来了，但在调宋云彬的问题上，他还是挨了文化部某位领导人的批评。"[①]

金灿然担任总经理期间，在中华书局任职的"右派分子"多达40余人，这些"右派分子"中，不乏版本目录、古文字、古天文历算等学科的专家学者，他们学养深厚、精心敬业，为古籍整理出版队伍增添了丰厚的实力。有人说中华书局是"右派"的"黑窝"，金灿然对此议论充耳不闻，依然我行我素，因为他看重的是人才。商务印书馆总编辑陈翰伯曾对中华书局副总经理王春说："我没有你们灿然同志的胆量。"[②]王春也曾这样评价金灿然："他之所以敢于这么做，我想，除去对党和人民的赤子之心以及对知识与人才的爱护以外，恐怕

---

① 李侃：《齐燕铭与中华书局》，载中华书局编辑部编：《回忆中华书局》下编，中华书局1987年版，第10页。

② 王春：《以诚待士三十年——一个政治工作者的回顾》，载中华书局编辑部编：《回忆中华书局》下编，中华书局1987年版，第71页。

找不出别的理由。"①

三、在北京大学开设古典文献专业

金灿然在解决燃眉之急的同时，把目光放得更远，打算源源不断地培养出更多的编辑人才，以免后继乏人。于是他提出"为了培养整理古籍的人才，拟建议教育部在北京大学开设一个专业学系"②。1959年3月，古籍整理出版规划小组召开第二次工作会议，在齐燕铭、金灿然的积极倡导下，会议提出了培养古籍整理出版后备人才的方案，其中重要一条就是通过高教部在北京大学中文系开设古典文献专业，定向培养学生，毕业后输送到中华书局，从事古籍整理出版工作。

最高学府北京大学为一家古籍出版社特别开设一门专业，培养专门人才输送过去，这在我国史无前例，其意义重大、影响深远，但落实的难度也可想而知。古籍规划小组组长齐燕铭和古籍小组办公室主任金灿然，在国家科学技术委员会主任聂荣臻和高等教育部部长杨秀峰等领导的支持下，多次邀请相关专家、学者召开座谈会商谈此事，特别得到北京大学的翦伯赞和魏建功的大力支持，他们二人参与到古典文献专业的创建中。

培养古籍整理出版人才的一些措施和方案的具体落实工作都落

① 王春：《以诚待士三十年——一个政治工作者的回顾》，载中华书局编辑部编：《回忆中华书局》下编，中华书局1987年版，第71页。

② 《康生、周扬在国务院科学规划委员会古籍整理出版规划小组成立会上的讲话（摘要）》，《新华月报》1958年第6期。

到金灿然身上，他积极主动地开展工作，多次与主管部门和相关人员沟通，商谈具体事宜。1959年3月，经高教部批准北京大学可开设此专业后，金灿然与北京大学文学、历史、哲学三个学科的领导和资深教授一起商讨专业设置的具体问题，如课程的设置、师资的配备等。

1959年9月，北京大学中文系古典文献专业开始招生，这是我国第一个新型的培养古文献整理人才的专业，也是我国系统培养古籍整理出版专门人才的开端。"古典文献专业"这一名称由翦伯赞拟定，"专业教师由北大中文系调派，并邀请校内外专家兼任教学工作，中华书局也介绍和组织专家前来讲课。北京大学任命魏建功兼任古典文献教研室主任，吴竞存为秘书，1962年又任命阴法鲁为副主任"①。这个专业学制5年，在必修课基础上，还有针对性地设置了古籍校勘、版本目录学等课程。当时专业课设置了一般基础课、专业基础课、专书讲读课和专题课，一般基础课包括现代汉语、古代汉语、外语（日语）、写作、中国通史、中国文学史、中国哲学史等；专业基础课包括古籍整理概论、中国文字学、中国音韵学、训诂学、目录学及实习、版本学及实习、校勘学及实习、工具书使用及编纂法、古籍整理史等；专书讲读课包括《诗经》、《楚辞》、《论语》、《孟子》、《左传》、《史记》、《淮南子》等的讲读；专题课包括汉语史、目录学史、中国古代文化史、国外汉学研究等。

在北京大学开设专门学系培养古籍整理人才一事落实后，1959年七八月间，金灿然、翦伯赞和吴晗分别撰写文章，在《人民日报》、

---

①　阴法鲁：《北京大学古典文献专业的建立与中华书局》，载中华书局编辑部编：《回忆中华书局》下编，中华书局1987年版，第109页。

《光明日报》和《中国青年报》上刊发，宣传介绍古籍整理工作的现状与意义，希望有志青年报考古典文献专业。

1959 年 7 月 17 日，翦伯赞在《光明日报》上以《从北大古典文献专业谈到古籍整理问题》为题发表文章，开宗明义介绍道："设置这个专业的目的是培养整理中国文化遗产的人才，主要是整理中国古典文学、史学、哲学方面的文献。这样一个专业的设置，可以说把整理古典文献工作提到了它应该受到的重视的地位。""整理古典文献要有人，要有一定数量的专人来做这种工作。不可想象，没有一个整理古典文献的队伍，只靠少数学术工作者的业余劳动就能翻动这座几千年堆积起来的古典文化的大山。"翦伯赞在文章中就整理古典文献和厚今薄古的方针有没有矛盾、整理古典文献是不是一种没有思想性的纯技术工作、整理古典文献算不算科学研究工作三个问题给予了科学的解答。文章的最后，翦伯赞写道："北大'古典文献专业'现在正在招收学生，我们希望不久就可以看到一个工人阶级自己的整理古典文献的队伍成长起来。"[①]

1959 年 7 月 21 日，《中国青年报》刊发了吴晗的文章《北京大学古典文献专业招生志喜》，吴晗在文章中形象地比喻道："这个专业比之其他文史专业来说是重工业，没有重工业是带动不起来轻工业的"，"不设这样一个专业，其他文史专业的提高是有困难的"。[②]由此可见吴晗对古典文献专业的重视和寄予的厚望。

1959 年 8 月 5 日，《人民日报》刊发了金灿然的《谈谈古典文献

---

① 翦伯赞：《从北大古典文献专业谈到古籍整理问题》，《光明日报》1959 年 7 月 17 日。又见《新华月刊》1959 年 16 号，第 114 页。

② 吴晗：《北京大学古典文献专业招生志喜》，《中国青年报》1959 年 7 月 21 日。

整理与出版的问题》一文，文章分为批判地继承文化遗产、整理古典
文献是一件光荣的工作、整理古典文献的态度和方法、古籍的读者、
整理古籍已经有一个良好的开端 5 个部分，指出"整理古典文献是批
判地继承文化遗产的一个重要方面"，一个重要步骤；而批判地继承
文化遗产，则是"为了调动历史文化遗产的积极因素为今天服务，为
当前社会主义建设服务"，因此，整理工作者必须掌握马克思列宁主
义的观点和方法，"用马克思列宁主义的观点和方法把应该整理的我
国古典文献进行有系统的整理，这是我们最高的要求"。[1] 金灿然还
在文章中指出，古籍整理工作在新中国成立后已经有了很大发展，但
在 1958 年以前，还是在比较分散的情况下进行的；1958 年规划小组
的成立，"可以说是我国有机会有步骤的整理出版我国古籍的开始"，
"古籍整理出版的方针和目的、整理出版古籍的对象更加明确了"。金
灿然坚信，古籍整理出版这项工作在党的领导和大家的支持下，一定
能胜利前进。

翦伯赞、吴晗和金灿然三人的系列文章，为北京大学古典文献专
业的成立鼓与呼，在社会上起到了很好的宣传效果。

古典文献专业成立伊始，金灿然专门给首届学生作了一次关于
古籍整理出版的学术报告，教研室主任魏建功向学生介绍金灿然时
说："在古籍整理出版战线上，灿然同志是总司令，我们古典文献专
业师生都是总司令领导下的小兵。"[2] 在这次讲座上，金灿然向学生
介绍了古籍整理出版规划小组的情况，以及正在制订的《三年至八

---

① 金灿然：《谈谈古典文献整理与出版的问题》，《人民日报》1959 年 8 月 5 日。又见
《新华月刊》1959 年 16 号，第 112—114 页。

② 刘尚荣：《魏建功先生二三事》，《文史知识》2002 年第 1 期。

年（1960—1967）整理出版古籍的重点规划》的进展，向学生介绍了古籍整理出版界的最新信息，还特别强调了古籍整理出版的重要性，及第一届古典文献专业学生身上所担负的使命。这样一位"总司令"，十分关心第一届学生及授课情况，常常到北京大学与学生、老师交流。据我国著名历史学家、北京大学历史系教授邓广铭先生回忆："（北京大学古典文献专业）在开办初期，灿然同志曾不断到北大来，参加制定教学方案及延揽主讲专题课程的人员等事，有时他留住在北大长达三数星期之久。"①"延揽主讲专题课程的人员"，就包括金灿然把古籍规划小组组长齐燕铭、小组成员吴晗等人请到北京大学，安排他们为古典文献专业的学生讲课，并与学生座谈，帮助学生更快地成长进步。《前线》杂志还曾专门刊登了一篇散文《燕园漫步》，文中写道："朗朗背诵着《左传》的《烛之武退秦师》或《战国策》的《颜斶说齐王》的，是中文系古典文献专业同学，他们在读古代汉语的范文。伟大的祖国有着光辉灿烂的文化遗产，这是建设社会主义必须继承的宝贵财富。而古代汉语，则是打开这座文化宝库的钥匙。为了完成党交给的光荣任务，他们付出了多少艰苦的劳动！为了弄懂一个词、一句句子，掌握一个虚词的用法，他们常常要翻阅许多辞典和其他工具书……"②

古典文献专业成立之初，学习资料比较匮乏，金灿然看在眼中，急在心里。于是他千方百计地为古典文献专业调拨图书资料。据阴法鲁回忆："金灿然还通知我们到中国书店的书库里挑书，认为有用的，

---

① 邓广铭：《追怀中华书局总编辑金灿然同志》，载中华书局编辑部编：《回忆中华书局》下编，中华书局1987年版，第190页。

② 《燕园漫步》（北京大学通讯），《前线》1961年第23期。

就挑出运回专业图书室，书款统由中华书局结算。此后，中华书局每出一种新书，都寄赠本专业图书室。中华书局还专为本专业教师备课、学生实习，提供条件。在其大力支持下，古典文献教研室组织了一些古籍整理实践活动。"①

为了向古籍整理出版界输送更专业、学有专长的人员，培养具备中国古籍整理与古典文献学系统知识、能够从事古籍整理的高级专门人才，本科生与硕士研究生一起培养是最好的方式。为此，1960 年，金灿然与北京大学古典文献专业的相关人员研究决定，古典文献专业拟招收、培养硕士研究生。北京大学中文系当时拟定了一份《北京大学中文系古典文献专业研究生培养规划》（1960 年 3 月草案），征求金灿然的意见，金灿然对个别字句还做了些修改。首届研究生共招收 5 名，由魏建功亲自担任导师。这届学生毕业后，也充实到中华书局的编辑队伍中去了。

为了提高在职编辑的专业水平，金灿然在中华书局内部制定了一项制度，中华书局的青年编辑可以通过考试，择优到北京大学古典文献专业深造，为青年编辑的成长创造了良好的条件。此外，北大古典文献专业在 1961 年为学生开设系列"中国文化史专题讲座"时，金灿然也专门安排中华书局的编辑们前去旁听，中华书局的编辑有幸聆听到刘国钧讲"中国古代书籍制度的发展"、王重民讲"中国的地方志"、向达讲"玄奘法师和他的大唐西域记"、聂崇岐讲"中国古代的官制"、任继愈讲"中国古代的宗教"、宿白讲"唐宋时代版刻业的发展"、阴法鲁讲"中国古代音乐与文学的联系"，从而帮助学生和编辑

---

① 阴法鲁：《北京大学古典文献专业的建立与中华书局》，载中华书局编辑部编：《回忆中华书局》下编，中华书局 1987 年版，第 109 页。

获得更广泛的关于古人物质生活和精神生活等各方面的历史知识，在古籍整理出版工作中能够更加得心应手。

1964 年，古典文献专业首届学员完成学业，其中有 11 人分配至中华书局，他们是：冯惠民、马蓉、梁运华、刘尚荣、包遵信、魏连科、张忱石、沈锡麟、楼志伟、黄葵、孟庆锡①；1965 年，第二届毕业生于世明、杨辉君、吴树平、罗毅、黄筠、杨锦海、王宝堃、俞曾元、关立勋、董校昌、黄占山②11 人分配至中华书局；1968 年，第三届（1966 届）毕业生王国轩、王秀梅、安冠英、任雪芳、许逸民、何英芳、李元凯、杨牧之、姚景安、凌毅、崔文印、熊国祯③12 人分配至中华书局。至此，古典文献专业共为中华书局输送毕业生 30 余人。"自这个专业成立以来，至今已为中国古典文献的整理和研究培育出了不少人才，其中的很多人已成为这个学术领域的骨干力量。这种栽培作育的首功，当然非灿然同志莫属了。"④ 毕业生中的熊国祯、沈锡麟担任中华书局副总编辑、副总经理；杨牧之担任小组副组长、新闻出版总署副署长、中国出版集团总裁，将美好年华奉献给了古籍整理出版事业。而冯惠民、梁运华、刘尚荣、魏连科、张忱石、许逸民、崔文印等人，都成为中华书局的资深古籍编辑，不但编辑出版了众多的古籍整理图书，还为中华书局培养年轻编辑做了大量工作。

一马当先，万马奔腾。继北京大学之后，全国开设古典文献专

---

① 中华书局编辑部编：《中华书局百年大事记》，中华书局 2012 年版，第 189 页。

② 中华书局编辑部编：《中华书局百年大事记》，中华书局 2012 年版，第 190 页。

③ 中华书局编辑部编：《中华书局百年大事记》，中华书局 2012 年版，第 194 页。

④ 邓广铭：《追怀中华书局总编辑金灿然同志》，载中华书局编辑部编：《回忆中华书局》下编，中华书局 1987 年版，第 191 页。

业本科教育的高等院校达 6 所，为古籍整理出版事业培养了大批人才。

四、自力更生培养编辑队伍

金灿然在政治处境十分艰难的情况下，一刻也没有忘记他的用人之道和对人才的培养。对中华书局的编辑，金灿然一要求他们要虚心向老编辑及专家学者请教，学习他们的古籍整理出版方面的经验；二要求他们团结和培养作者，给作者支持和帮助；三鼓励他们加强学习，做学者型编辑。

向老编辑、专家学者学习的最好途径就是向他们求教，因此，金灿然特别注重古籍编辑的"传帮带"。中华书局原总编辑李侃在《回忆金灿然》一文中写道："对学有专长和有丰富经验的老编辑，他尽量让他们各得其所，发挥所长，并且请他们'带徒弟'。比如张静庐是中国近代出版史的专家，他就设法帮助他搜集资料，给他足够的时间，请他继续编辑'中国近代出版史料'。曾次亮是古天文学专家，就请他专搞古天文历算史料。还有陈乃乾，这位先生有一副胖胖的似乎微有浮肿的面孔，手里拿着手杖，平时见人就频频点头微笑。他很少说话，也很少参加会议，颇有些'与世无争'自甘寂寞的样子。一般搞古书的人大都知道他是精于版本目录的专家，可是却很少有人知道，他除了对古书识多见广，编过《清代碑传文通检》、《室名别号索引》之类的工具书以外，对他经手或经眼的许多古籍的内容也有很好的见解。他在中华书局，既是选择版本、开列书目、影印古书的重要

'顾问'，而且也是一位得力的编辑，'二十四史'中的《三国志》就是他整理标点的。金灿然一再要青年编辑尊重这些老先生，虚心地向他们请教，学习他们的本领。"①

金灿然在中华书局树立了开办讲座之先河，尽可能创造条件让中华书局的编辑拥有近距离与老编辑、老专家学习的机会，在中华书局内部先后举办过古文学习班和一些专题讲座，讲座者一般都是金灿然四处"网罗"来的专家。哲学方面请关锋作过专题讲座，八股文请启功作过专题讲座，三礼、考据学请孙人和主讲，每次讲座，金灿然都亲自参加聆听。他还亲自给编辑作了怎样学习的报告，并给青年编辑开列了必读书目，鼓励他们多学习多读书。此外，金灿然还在书局组织了有关《史记》的专题报告，等等。金灿然对行政干部也同样提出要求，希望他们能够学习中国通史，阅读《纲鉴易知录》、《资治通鉴》等，提高个人自身素养。编辑在听讲座的同时，可以有机会向讲座者请教问题，答疑解惑后，才能够快速成长。1959 年，北京大学开设古典文献专业后，金灿然还经常组织中华书局的年轻编辑前往北京大学听讲座。当时因失去公职来到中华书局工作的戴文葆，多年后在《我爱中华》一文中回忆这段历史时写道，中华书局是他"大学毕业后接受再教育的新学园"，他"如同进了研究院一样，咧嘴欢笑"②。工作经验丰富的编辑陈乃乾，在中华书局编辑"二十五史"及陈垣的专著时，有机会就向陈垣请教，有时靠信件往来求教，有时登门拜访，收获非常大。在工作中能有如此宝贵的机会向老先生学习，可以

---

① 李侃：《回忆金灿然》，载中华书局编辑部编：《回忆中华书局》，中华书局 1987 年版，第 203 页。

② 戴文葆：《我爱中华》，《出版科学》2002 年第 8 期。

说开中华书局出版、研究、教育于一体的风气之先，直至今日，中华书局仍保有这一优秀文化传统，一代提携一代。

金灿然经常对编辑说："我们有责任为作者提供和创造各种写作条件，使一切有真才实学的、下过功夫的作者的著作，都能够得到出版的机会。"[①] 他要求中华书局的编辑尊重作者、耐心地帮助作者，和作者交朋友，建立相互间的信任和友谊，使作者乐意和我们建立经常的联系，帮助我们共同把工作做好。金灿然本人也是这样做的，他尊重每一位古籍整理专家，保持通信联系，或者登门拜访，金灿然与陈寅恪、叶圣陶、陈垣、郑振铎等人的往来信件至今还能看到。

《北京大学学报》（人文版）在 20 世纪 50 年代后期，每期印数不是特别多，销量也不是很广，经费方面压力很大。1960 年，翦伯赞担任学报主编，与金灿然聊到此事，金灿然当时就表示中华书局可以出版，不要经费补贴，愿以中华书局之力，帮助《北京大学学报》。当时全国各高校的学报都面临这种出版压力，金灿然此举对全国的学报事业起到了推动的作用。翦伯赞评价金灿然："真是有眼光，有魄力，有胆有识！"[②]

章开沅曾撰文提到中华书局对他的培养："住在中华的前辈知名学者很多，大多是参与校订'二十四史'，与我比较熟悉的有唐长孺、王仲荦等。少数是 30 岁左右的年轻教师，实为中华有意扶植的新作者群。这是金老板倡议的一项新举措，受益的除我以外，还有祁龙

---

① 俞筱尧：《金灿然同志在中华书局的日子》，《书品》2001 年第 6 辑。

② 张传玺：《一代史学家与出版家的革命情谊》，载中华书局编辑部编：《回忆中华书局》下编，中华书局 1987 年版，第 210 页。

威、戴学稷和研究元史的两位周先生（一为北大周良霄，一为内蒙古大学周清澍）。"①

金灿然认为，中华书局不只是一家出版机构，更应成为一个学术部门，提倡要把中华书局办成思想学术工作的机关，编辑不能只限于当一名书稿编辑，而是要成长为知识广博、勇于创新的编辑家，因此他鼓励编辑关注学术动态，提倡编辑撰写书评、新书简介，有能力的还可以写作专业论文。金灿然对年轻人期望很高，同时又非常清楚人才培养规律，十年树木，百年树人。金灿然说，一个大学毕业生，需要十年的工夫才能入门。因此，中华书局给年轻编辑创造了一个很好的成长氛围，帮助他们快速成长。浓厚的学术氛围在中华书局逐步形成，一批学者型编辑成长起来并崭露头角。沈玉成、褚斌杰、李思敬、程毅中、傅璇琮等人，都是在金灿然时期的中华书局逐步培养、成长起来的编辑大家，除了编辑一些有影响力的古籍图书外，他们在自己的研究领域也取得了重要的研究成果，在海内外学术界、出版界影响都很大。

金灿然注重对青年编辑的培养，关心他们的成长。他经常亲自指点年轻编辑，重点指出一部书稿的学术价值和编辑整理时应注意的地方，告诫他们在撰写一部书稿的出版说明时，立意要高。金灿然在新闻出版署工作过，对出版有着较全面的了解，关注着出版界的动态，因此他的点拨对年轻人来说特别重要。当时很多年轻编辑都亲耳聆听过金灿然对书稿的点评意见，受益良多，在处理书稿时不断得到锻炼，日渐成熟。1962年《光明日报》的记者专门到中华书局采访，

① 章开沅：《未了中华情》，载中华书局编辑部编：《我与中华书局》，中华书局2002年版，第63页。

文章中写道："总编辑金灿然亲自为大家开列了必读书目，作了怎样学习的报告。青年同志还坚持每周去北大听文化史讲座。"①

金灿然还尽可能地调动中华书局每一位编辑的积极性，他曾有一个设想——在中华书局成立一个编审委员会。中华书局有一批年龄较高、学有专长、取得了一定成绩的老编辑，没有办法全部解决他们的行政职务、提高他们的待遇，但把他们作为普通编辑对待，又不足以表现他们的成就和地位，为此，金灿然提出成立编审委员会的设想。在中华书局内部成立这样一个咨询性质的专家委员会，每年开会一到两次，讨论中华书局的年度选题计划、出书计划和重要书稿的编审出版工作，等等，既能发挥老编辑的聪明才智，又能培养青年编辑。"编审委员"（简称编审或编委，荣誉职务）平时除编审重要书稿外，中华书局还组织他们参加一些社会活动、学术活动，同时在住房、休养、看戏、分配副食品等方面，条件许可时都给予他们适当照顾，让他们充分感受到中华书局的温暖。对中华书局之外的人员，金灿然也考虑适当吸收若干名支持中华书局工作、与中华书局往来较为密切的专家、学者，他们不享受中华书局的内部待遇，但金灿然考虑可以通过赠送一些中华书局出版的本版图书作为劳务报酬。当时金灿然拟定了一个编审委员会名单，张政烺、孙人和、马宗霍、曾次亮、陈乃乾、宋云彬、张静庐、陈驰、徐调孚、吴晗、翦伯赞、魏建功、顾颉刚、杨东莼、阿英、陈翔鹤、王士菁、关锋、吴泽炎、吴寄寒、姚绍华、朱彦颡、卢文迪、严健羽、章锡琛、童第德、冯都良、赵纪彬、路工等都在名单上。

---

① 贾敏：《为书辛苦为书忙——中华书局编辑部访问散记》，《光明日报》1962 年 1 月 5 日。

　　无论是顶住压力任用"右派分子"，还是培养青年编辑，金灿然都很"注意执行党对知识分子的政策，平时给人们一个深刻的印象，就是他为人'实在'，说话直来直去，不会拐弯抹角。相处以诚相待，使人感到热情诚恳"①。

①　李侃：《回忆金灿然》，载中华书局编辑部编：《回忆中华书局》下编，中华书局1987年版，第203页。

第八章

主政中华书局

1958 年 5 月，金灿然调任中华书局总经理、总编辑，主持中华书局全面工作，到 1971 年，共 14 年。这 14 年是中华书局古籍出版工作快速发展时期，与金灿然一路披荆斩棘、大刀阔斧开展工作有着密不可分的关系。金灿然主政中华书局期间，在抓好书局日常工作的基础上，重点抓了 6 个方面的工作，即明确古籍出版方向、建立健全规章制度、扩大古籍图书出版、整理点校"二十四史"、交流学术信息和创办《文史》杂志。

一、明确古籍出版方向

1958 年 2 月 5 日，文化部就中华书局和商务印书馆两家历史悠久的出版社有关改组及公方董事、主要负责干部配备的情况向中央宣传部打了一份报告①，报告中明确了中华书局正式从财政经济出版社独立出来，上级主管单位为文化部，中华书局成为一家整理出版古籍和当代文史哲研究著作的专业出版社。中华书局保留董事会制度，原有的 11 位私方董事，全部保留不动，增加 5 位公方董事，共同管理中华书局，其中副董事长为黄洛峰，董事为金灿然、沈静芷、汤季宏和刘子章。同时成立中华书局编审委员会，每年不定期召开两三次讨论会，研究中华书局的年度选题计划和图书出版中的问题，编审委员会不参与中华书局的行政事务，为咨询委员会性质。编审委员会主任为舒新城，金灿然、傅彬然、金兆梓为副主任，此外还有 6 位委员。报告中还明确了中华书局的领导干部队伍，金灿然担任中华书局总经理兼总编辑，傅彬然担任副总经理兼副总编辑，刘子章担任副总经理，金兆梓担任副总编辑。同年 4 月，金灿然与其他几位局领导相继到职。中华书局上海办事处在 4 月同时改组，分为中华书局《辞海》编辑所和中华书局上海编辑所，分别由舒新城和金兆梓担任编辑所的主任，两个编辑所接受中华书局总公司的领导。中央宣传部于 2 月 15 日向中央打报告汇报了这个情况②，2 月 19 日，中央批复"拟同意"。从此，中华书局成为一家主要出版古籍的出版机构，出版方针和出版计划接受刚刚成立的古籍整理出版规划小

---

① 《文化部党组关于商务印书馆、中华书局改组及公方董事、主要负责干部配备的请示报告》，载中国出版科学研究所、中央档案馆编：《中华人民共和国出版史料9》，中国书籍出版社 2004 年版，第 363 页。

② 《文化部党组关于商务印书馆、中华书局改组及公方董事、主要负责干部配备的请示报告》，载中国出版科学研究所、中央档案馆编：《中华人民共和国出版史料9》，中国书籍出版社 2004 年版，第 363 页。

组的指导。

此时，全国编辑出版古籍图书的出版社有中华书局、商务印书馆、人民文学出版社、文学古籍刊行社、古典文学出版社以及中华书局上海编辑所等，在古籍图书出版方面出现了业务交叉和选题雷同的问题。古典文学方面的选题，中华书局总公司和中华书局上海编辑所、人民文学出版社都在组织策划和编辑出版，其中"中国古典文学基本丛书"三家出版社都在出版。而中华书局和商务印书馆的出版范围也有交叉，中华书局出版的哲学、社会科学类翻译书籍，是商务印书馆的主要出版范围，而商务印书馆也在组织出版若干种古籍类图书。这些问题的存在对整个古籍出版行业的发展都有着较大的影响，如解决不好，会出现各家出版社抢夺作者资源、出版资源，最终将侵害整个古籍行业每一家出版社的利益，影响古籍图书出版行业的发展。

为了加强古籍图书出版的计划性，使各家出版社集中力量出好书，更为了出版社之间分工协作、团结进步，亟须明确出书范围有交叉的这几家出版社的出版分工。金灿然在出版总署工作期间，有着丰富的经验积累，他意识到几家出版社有必要坐下来共同协商确定此事。为此，金灿然代表中华书局总公司牵头，先后与中华书局上海编辑所、人民文学出版社和商务印书馆进行会谈。在会谈前，金灿然对几家出版社的业务分工、出版情况、编辑实力等进行了通盘考虑，因此几次会谈都很顺利。

1959 年 3 月 3 日，中华书局总公司和中华书局上海编辑所商定出版分工办法。中华书局总公司编辑力量较为雄厚，设有文学、历史、哲学编辑组，对各类古籍图书的处理能力、印刷能力都要更强些，因此金灿然提出中华书局总公司负责古典文学总集，大型资料书、类书的整理出版，负责古典哲学和历史古籍的整理出版。中华书局上海编辑所负责单本的古典戏剧、小说、散曲等，古代民间文学的资料，古籍图书的选注本和选译本，宋末、明末、晚清的部分历史资料和有关辛亥革命初期的若干历史文献和专著，影印版画、手迹类图书的整理出版。金灿然还与中华书局上海编辑所的同人，专门就古典文学基本丛书的整理出版进行商讨，商定除人民文学出版社要承担一部分外，原则上中华书局总公司以整理出版唐宋人别集为主，中华书局上海编辑所以整理出版元明清人别集为主。[①]

中华书局上海编辑所的参会同志将出版分工办法带回去后，编辑所内部进行了讨论，认为以朝代划分中国古典文学基本丛书、分头进行整理出版不太合适，有必要进行调整，因为他们此前已经跨越"分工办法"进行了一些组稿工作。金灿然充分尊重他们的意见。5月26日，中华书局总公司与中华书局上海编辑所对上述出版分工办法进一步协调商讨，补充了若干条规定。中华书局总公司和中华书局上海编辑所均可整理出版中国古典文学基本丛书，两家出版社每年制定统一选题、书目，统一选题外，还可以随时协商补充。凡属古典文学的总集、类书、历代笔记，均由中华书局总公司整理出版，上海编辑所如有条件、有必要时也可出版，但应事先与中华书局总公司联系、告知。凡属诗文集旧注及诗词纪事，均由中华书局上海编辑所出版，如果中华书局总公司计划整理出版，同样应事先与上海编辑所联系。[②]

---

① 中华书局编辑部编:《中华书局百年大事记（1912—2011）》，中华书局2012年版，第177页。

② 中华书局编辑部编:《中华书局百年大事记（1912—2011）》，中华书局2012年版，第177页。

1960 年 5 月 14 日，中华书局与人民文学出版社、中华书局上海编辑所就文学类古籍图书的整理出版分工原则进行会谈，金灿然和徐调孚代表中华书局总公司到会，人民文学出版社许觉民、王士菁，中华上海编辑所陈向平参会。据《会谈纪要》记录的分工原则，这次会谈明确了三家出版社文学类古籍图书出版要统一规划、共同协作，确定以中华书局总公司为中心，几家出版社建立定期联系机制、联合组稿机制。约定每年固定召开两次碰头会，共同研究古籍图书的选题策划、组稿约稿。平时每个月要相互沟通信息，交换组稿、发稿、出版情况，以便及时发现选题重复的情况，避免造成不必要的人力、财力的浪费。约定三家出版社联合组稿，在每年第三季度共同拟定下一年度的组稿计划。组到的稿件，按三家出版社分工范围进行分配，日常组稿也及时协商，三家出版社根据作者资源情况，还可以互相委托组稿。

会上，对三家出版社的出版分工又做了进一步调整，中华书局总公司负责古典文学总集的整理出版，作家与作品资料的汇编整理出版，唐代以前古典文学别集的整理出版，以及古典文学讨论集、研究论文集的出版；中华书局上海编辑所负责普及性选注本"古典文学普及读物"、唐代以后古典文学别集的整理出版。除这两套丛书外，其他选注本由三家出版社协商出版。人民文学出版社负责历代文学大家的全集、文集的新注本（李白、白居易、王安石、陆游、龚自珍 5 人的作品集由中华书局上编所负责），"中国古典文学读本丛书"选注本，及"中国古典文学理论批评专著选辑"、"中国历代文论选"的整理出版。人民文学出版社和中华书局上海编辑所都可以出版工具书，三家出版社都可以出版有关古代作家作品的研究专著。

这次会上还明确了中华书局总公司牵头负责召开会议、每月出版信息的交换及协商调整选题工作。金灿然作为中华书局总公司的总经理、总编辑，实际上负责的工作已远远超出中华书局一家出版社，而是担负起了对全国范围内古籍图书整理出版进行统一规划的职责。这是整合古籍图书出版资源的开端。会后，几家出版社按照分工原则彻底检查了各自已组稿件和已发稿件，看是否存在重复选题需要进行调整。7月，三家出版社就各社发稿、组稿、出书情况进行了第一次交换，沟通时对发现的情况进行了及时调整、处理。

中华书局与商务印书馆两家历史悠久的出版社，在出书范围上也有交叉。为了解决这个问题，1959年5月22日，中华书局与商务印书馆协商议定了《商务印书馆、中华书局出版分工的协议事项》。这次议定，明确了中华书局不再出版哲学、社会科学翻译类图书，及用外文编写的关于中国古代文化的研究著作的译本。中华书局1949年前后已出上述图书的再版，由商务印书馆代理。中华书局负责中国历史地理著作、有关外国历史地理的中国古籍图书的整理出版工作，以及古汉语部分（包括今人对古汉语的研究著作）的出版工作。商务印书馆不再出版古籍（古医书除外）、今人的古籍整理研究著作、中国古代文史哲的研究著作。商务印书馆1949年前后已出上述图书的再版工作，由中华书局代理。此外，商务印书馆负责外国历史地理著作、关于中国历史地理的外文著作译本，以及现代汉语类图书。

中华书局和商务印书馆都拥有一定数量的藏书，在这次议定中，还专门协商了两家出版社互通有无的问题。商务印书馆资料室有复本的古籍（包括线装书和排印本），给中华书局一份；中华书局资料室有复本的外国哲学社会科学著作的译本、外国哲学社会科学外文书，给商务印书馆一份。①

至此，古籍图书的出版，在出版分工上得到了明确，为此后的整理出版工作的开展，打下了坚实的基础。在这个过程中，金灿然功不可没，他显现出了高超的工作协调能力、组织能力，能够调动起各家出版社的积极性，不计较一时、一社的得失，为古籍出版大局计，为古籍出版长远谋。

二、建立健全规章制度

1958 年 5 月金灿然担任中华书局总经理、总编辑时，中华书局刚恢复独立经营不久，工作中存在的许多问题和矛盾亟待解决。金灿然十分清楚，要管理好这样一个单位，必须从抓规章制度入手。于是他分秒必争，深入群众调查研究，决定先牵"牛鼻子"，抓主要矛盾。

当时，由于经济原因和历史原因，对编辑、作者的稿酬发放存在着一些问题，影响了专家学者创作的积极性。于是，金灿然主持制定了中华书局的《关于书籍稿酬的暂行规定》，1961 年 5 月 1 日起实行。为制定这份《规定》，金灿然与中华书局的工作人员多方听取兄弟单位的意见建议，并于 1961 年 11 月 22 日召集几家古籍图书出版社的负责人坐到一起，对稿酬标准、出版社编辑人员从事编辑加工工作的

① 中华书局编辑部编：《中华书局百年大事记（1912—2011）》，中华书局 2012 年版，第 178 页。

待遇等问题交换了意见 ①，随后还在两次古籍整理出版规划小组扩大
会议上就稿酬办法征求专家学者的意见。在广泛听取意见之后，于
1962 年 3 月，正式推出《关于书籍稿酬的暂行规定》。这个办法推出
后，金灿然要求中华书局各个编辑部检查过去几年已出版图书的稿酬
支付情况。检查后对未付或未全额支付的稿酬进行了及时处理，共补
付 9 笔作者稿酬，计 11 万余元。这让中华书局的作者队伍感受到了
来自出版社的诚意，拉近了作者与出版社之间的距离，极大地调动了
编辑、作者的积极性，为丰富稿源打下了坚实的基础。

　　1961 年，为完善中华书局的古籍图书发行工作，金灿然组织中
华书局相关发行人员，起草了一份《关于新出古籍的发行办法》。金
灿然将中华书局古籍图书作了通盘考虑，明确了先将古籍图书"分类
分级"，再根据类别、级别、印数，结合古籍图书的读者对象，最终
确定新出古籍图书的发行渠道、发行范围。金灿然将中华书局所出版
的古籍图书分为四类，第一类是规模大、印数少、定价高的古籍；第
二类是带有保密性质、不宜公开的资料书；第三类是整理本古籍和相
关研究著作；第四类是古籍选本、古籍今译本。第一类古籍图书，普
通读者的购买力没有那么强，发行范围势必较小，采取计划分配供
应；第二类古籍图书，像当时整理出版的《清代地震档案史料》、《中
国国民党史稿》、《文史资料选辑》等，主要供给国家机关内部参考，
采取内部发行办法；第三类古籍图书，学术水平较高，主要供研究者
和有较高文化修养的干部阅读，发行数量不宜过高；第四类古籍图
书，读者面宽泛，适合大众阅读，按照普通书籍开展发行工作。1961

---

① 《中华书局工作简报》第 13 号，1961 年 12 月 6 日。

年 4 月 14 日，文化部出版局批复了中华书局起草的《关于新出古籍的发行办法》。从此，中华书局的新出古籍和有关文史哲著作有了明确的发行范围和办法，实现了"计划分配，合理供应"①。在接下来几年，这份《发行办法》在中华书局发挥了极大作用。它虽然带有鲜明的时代特征和一定的局限性，但将古籍图书分类发行，在今天也依然有其合理性，特别是对规模大、印数少、定价高的古籍图书，"限量"供应是符合市场规律的。

与此同时，金灿然针对中华书局各方面工作，从人事管理、岗位责任、部门关系等多方面，制定了一系列规章制度。

据不完全统计，金灿然 1958 年担任中华书局总经理兼总编辑之后，制定了《各编辑组、出版部和总编室的分工》、《关于编辑职责和书稿处理的基本规定》、《中华书局文书处理试行办法》、《中华书局关于印制出版工作的暂行规定》、《印制、设计工作细则》、《中华书局图书馆借书规约》、《中华书局职工业余时间编写和处理书稿报酬的暂行规定》、《中华书局对本局职工赠送本版样书的暂行规定》、《关于借阅、拆装善本、孤本书的规定》、《稿费支付程序》、《中华书局作者购书暂行办法》等。此外，文学组、历史一组、历史二组和哲学组，也都根据工作需要各自制定了本组的工作制度。这些制度使古籍图书出版从设计到印制，从编辑出版到稿酬支付，全方位地做到了有相对完善的制度可依，为工作的开展打下了制度基础。为改善困难职工的生活，中华书局还专门制定了《中华书局职工困难补助办法》，对家庭生活长期困难的职工给予定期补助，对临时有难关的职工给予一次性

① 中华书局编辑部编：《中华书局百年大事记（1912—2011）》，中华书局 2012 年版，第 183 页。

补助，从而解决职工的后顾之忧，让职工能够全身心投入工作中去。

制度建设的完善，对中华书局这样一家历史悠久的老出版社起到了很好的保障作用。金灿然为之付出了巨大的心血。

三、大力发展图书出版

中华书局恢复独立经营时，图书出版范围为古籍和文史哲研究著作。从浩如烟海的古籍中遴选出最精华的部分，整理出来，提供给青年人以及从事文化工作的党内的领导干部，使他们了解我国丰富的文化遗产，吸收、研究、批判地继承这些文化遗产，这是一项非常繁重的工作。而此时的中华书局，古籍编辑力量还十分薄弱，古籍图书出版工作的开展步履维艰。

金灿然接手的就是这样的一个历史悠久、发展曲折、现状堪忧的出版单位。而这还不是他面对的最大困难。在随后的七八年里，历经自然灾害、"反右运动"、干部下放、"四清"运动、整风运动、"文化大革命"等，图书的正常出版受到了严重影响。在这样的历史大环境中，把中华书局的图书编辑队伍从单薄逐渐发展壮大，培养出一支能够编辑文学、历史、哲学、科技等古籍和相关学术著作的老、中、青相结合的古籍编辑队伍，需要管理者具有相当卓越的领导能力、高度的责任感和使命感。

金灿然把大力发展中华书局的图书出版作为第一要务。

为此，金灿然将编辑部划分为古代史、近代史、古典文学和哲学四个编辑组（后改称编辑室），四个编辑组的负责人分别是姚绍华、张静庐、徐调孚和傅彬然（副总编辑兼）。当时，古代史编辑室的编辑有姚绍华（编辑室主任）、朱彦颋、朱基俊、宋茂华、沈迈行，加上从古籍出版社合并过来的丁晓先、侯岱麟、曾次亮、徐溥泽、高尔崧等共 14 人。同年 8 月，宋云彬从浙江省政协调到古代史室担任编辑，12 月，赵守俨从商务印书馆调到古代史室，随后孙人和、马宗霍、傅振伦、姚鉴等调入，全国总工会的萧项平同年调到中华书局任副总编辑，分管古代史编辑室。这些古代史编辑的调入，并不都一帆风顺，有几位"右派"的调动颇费了几番周折，这期间金灿然亲自向上级单位打过若干个报告、向主管领导汇报过多次，多方协调之后才终于将人才引进到中华书局。文学组组长徐调孚，是一位很有名的老编辑，曾在商务印书馆编辑过《小说月报》，后来又在开明书店做编辑工作。王国维之子王仲闻也在当时以"临时工"身份在文学组工作。近代史编辑组主要编辑出版中国近代史著作、资料、档案等，是当时中国出版界第一个近代史编辑室。近代史组有 5 人，张静庐担任组长，他在出版界工作多年，有丰富的编辑、出版经验，与学术界关系也非常密切，新中国成立之初曾担任出版总署私营企业处处长，1957 年到中华书局，编有《中国现代出版史》等。李侃从商务印书馆调入中华书局，先后担任近代史编辑组副组长、组长（后任中华书局总编辑）。此外还有卢文迪、汪北平和王季康。此后陆续调入、分配到近代史编辑组的有段昌同、何炳然、刘德麟、赵仲兰、何双生、胡宜柔等人，近代史组人员配备逐渐齐全。哲学编辑组组长由中华书局副总编辑傅彬然兼任，他是一位有着丰富出版经验的编辑，1949 年前曾与叶圣陶等人一起在开明书店工作过。其他编辑人员有严健羽（副组长）、章锡琛、童第德、徐寿龄、马非百、杨伯峻、褚斌杰、沈芝盈等。

但当时的编辑力量还远远不能满足古籍整理出版任务的需要。金灿然想到一个权宜之策，那就是特约一批社外编辑，帮助中华书局做些古籍整理工作，比如对书稿选题提出意见、建议，推荐、介绍、组织书稿，审读书稿，整理、校订古籍，编辑专题资料、撰写专题著作等。为此，金灿然专门向出版总署打了报告，将《中华书局特约编辑暂行办法（草稿）》、《特约编辑聘书（草稿）》和《中华书局特约编辑名单（草稿）》上报出版总署领导。

经过多方努力，中华书局的编辑室逐渐壮大、完善，古籍图书的出版工作逐渐步入正轨。

古代史编辑室内还专门设有"二十四史"整理工作小组，承担着整理出版点校本"前四史"（《史记》、《汉书》、《后汉书》、《三国志》）的任务，拟献礼中华人民共和国成立十周年。他们以此为中心，还要编辑整理其他大量的史学著作。在全室编辑人员的共同努力下，一批质量较好的古籍整理类图书和学术著作陆续编辑出版：丛书有"元明史料笔记丛刊"、"清代史料笔记丛刊"等，史学名著有点校本《史记》、《汉书》、《后汉书》、《三国志》、《通鉴纪事本末》、《明通鉴》、《纲鉴易知录》、"元明史料笔记丛刊"、"中外交通史籍丛刊"、《余嘉锡论学杂著》、邓之诚《中华二千年史》、顾颉刚《史林杂识》、岑仲勉《突厥集史》、向达《蛮书校注》、杨宽《古史新探》等，在社会上产生了较大的反响，也受到了读者的好评。

哲学组的编辑则整理出版了丛书"中国历代哲学名著基本丛书"、"中国哲学史资料选辑"、"中国唯物主义哲学选集"、"中国思想史料丛刊"。"中国历代哲学名著基本丛书"中收有郭庆藩的《庄子集释》（王孝鱼点校），吴则虞的《晏子春秋集释》，王明的《太平经合校》，以及《叶适集》、《何心隐集》，李贽的《藏书》、《续藏书》、《焚书》、《续焚书》，王夫之、黄宗羲、唐甄、颜元、戴震、康有为等人的一些著作。此外，还编辑出版了哲学名著《十三经注疏》、《诸子集成》、《周易古经通说》、《孟子译注》、《韩子浅解》、《墨辩发微》、《公孙龙子发微》、《墨经校诠》、《墨子城守各篇简注》、《论衡集解》等。

文学组编辑出版了《全唐诗》、《全上古三代秦汉三国六朝文》、《全汉三国晋南北朝诗》、《元曲选》、《元曲选外编》、《顾亭林诗文集》、《六十种曲》、《朝野新声太平乐府》、《梨园按试乐府新声》、《封氏闻见记校注》、《甲午中日战争文学集》、《颜氏学记》等。

近代史组编辑出版了"中国历史小丛书"、"历代政治人物传记译注"等影响较大的丛书，以及《辛亥革命回忆录》、《戊戌变法人物传稿》等。

科技古籍方面整理出版了《胡氏治家略·农事编》、《补农书研究》、《农业遗产研究集刊》等。

这些图书的出版，无一不倾注着金灿然的心血与汗水。

为了扩大稿源，金灿然广泛联系作者。他对作者非常敬重，经常亲自上门拜访他们。金灿然认为，自己代表的是出版社，要表达出对作者整理古籍图书的支持，在精神上给予他们鼓舞。

金灿然非常重视我国著名史学家陈垣对一些重大古籍项目整理出版的意见，一直与其保持密切联系，或者专程登门拜访，或者书信请教。1958 年 10 月 16 日，陈垣写给金灿然的信中就说"前日畅谈甚快"[①]，可以看出他们的交往是十分坦诚友好的。1959 年 5 月 1 日，

---

① 陈智超编注：《陈垣来往书信集》（增订本），生活·读书·新知三联书店 2010 年版，第 843 页。

金灿然偕同中华书局的潘达人、陈乃乾，一同拜访陈垣，与陈垣商谈出版其撰著的《校勘学释例》一书的有关事宜，同时也谈到中华书局影印出版《册府元龟》的相关情况。回到单位，金灿然就安排编辑人员加快《校勘学释例》一书的出版进度。该书于当年年底排印付型，与读者见面了。陈垣关于《册府元龟》影印出版一事，于 5 月 28 日致信金灿然："送来《册府元龟》补遗七十二页已阅毕，其中十四条与本卷或与他卷重出，似可不补。"①

《册府元龟》是金灿然 1958 年主政中华书局后，计划出版的第一部影印古籍。金灿然非常重视这项工作，听取了诸多知名专家学者关于版本的意见，就底本、参校本等问题征求陈垣的意见，陈垣很快回复赞成这个办法，"此项办法成本虽贵，但用此书的人都可靠图书馆购备，不一定每人都有此书也"②。

金灿然安排中华书局最有经验的三位编辑和出版人员承担《册府元龟》的影印出版工作，其中版本、目录学家陈乃乾主要负责。陈乃乾是金灿然主政中华书局后从上海颇费周折调到北京的，陈乃乾离开住了 50 多年的上海北上时，带了整整一火车皮的个人藏书。另两位则是出版经验丰富的陆高谊和孙莘人。到了 1960 年，洪文涛、朱士春两位年轻编辑也加入进来。《册府元龟》的"校印后记"由陈乃乾执笔撰写。而陈垣则应金灿然之邀撰写了《影印〈册府元龟〉序》，序作完成后陈垣致信金灿然，专门说明："此序共分八段：第一说前

---

① 陈智超编注：《陈垣来往书信集》（增订本），生活·读书·新知三联书店 2010 年版，第 843 页。

② 陈智超编注：《陈垣来往书信集》（增订本），生活·读书·新知三联书店 2010 年版，第 846 页。

人不重视《册府》；第二说《册府》渐为人注意；第三说《册府》材料丰富，可以校史，亦可以补史；第四说《册府》可以校史，亦可以史校之；第五说宋本比明本为强；第六说明本亦有胜宋本处；第七说明本脱文是有意删去，不尽是脱文；第八说宋刻既无完本，以明本影印亦宜。"[1]6月26日，金灿然回信给陈垣告知工作进展并征求意见："（《册府元龟》）兹已将续稿发排，俟排就当以清样一份送请察阅。拟写后记一篇，附于卷末。"金灿然在信中还征求陈垣的意见："为便于翻检，将舍去原刊目录，另行编排在各门下系有总页码的总目录。并以各门首字笔画多寡为序，增编卷目索引一份。如此做法，未知妥否，请示尊见。"[2]陈垣认为金灿然的意见很中肯。1960年，1500部《册府元龟》由中华书局香港印刷厂完成印制，正式出版发行。煌煌12巨册影印本《册府元龟》，藏青色布面精装，书脊烫金，16开本，甫一面世，即得到学术界、出版界的一致好评。

到1964年，中华书局共编辑出版了10种陈垣的著作，这与金灿然与陈垣二人相互的尊重、支持是分不开的。

1962年，金灿然前往长春专程拜访了古代文学史研究专家逯钦立，对他已编选多年并于1961年列入古籍出版规划的《先秦汉魏晋南北朝诗》一书表示大力支持，约定书稿完成后由中华书局出版。金灿然十分清楚，编选《先秦汉魏晋南北朝诗》这样一部卷帙浩繁的专著是一项耗费时间、考验毅力的艰巨工作，没有深厚的知识储备是无

---

[1] 陈智超编注：《陈垣来往书信集》（增订本），生活·读书·新知三联书店2010年版，第843页。

[2] 陈智超编注：《陈垣来往书信集》（增订本），生活·读书·新知三联书店2010年版，第844页。

法完成的。当时逯钦立已经做了十余年的编选工作，而金灿然的这次拜访，目的就是充分表达他本人及中华书局对逯钦立这项呕心沥血之作的全力支持。同年 11 月，中华书局即与逯钦立签订约稿合同。来自出版单位的支持，对逯钦立精神上的鼓舞无疑是巨大的。1963 年，书稿终于完成，凡例、后记和部分正文陆续寄到了中华书局编辑部。金灿然将书稿落实给文学组的程毅中进行编辑加工。程毅中 1958 年北京大学中文系研究生毕业，同年年底到中华书局工作，已经有了一定的编辑工作经验。他仔细阅读了凡例和前五册书稿，提出了十几条修改意见，并反馈给逯钦立。其中几条意见，是希望逯钦立对书稿进行较大修改，如"把全书改为一部新辑本，不再把《古诗纪》作为校补的底本，只作为辑录的依据出处之一，所有的异文也写入校记"①，此外还提出应调整乐府"本辞"和后世"奏曲"的次序等。逯钦立对这些审稿意见基本认同，并决定按此修改。但对其中部分意见，如全书排序的原则，则提出了不同看法。为此，从 1964 年到 1965 年，逯钦立与中华书局以往来信函的方式"认真地、诚恳地交换意见"、"逐条讨论"②，并最终达成共识。1966 年，逯钦立将修改后的书稿寄到中华书局，但此后不久"文化大革命"爆发，书稿未能正常编辑加工、出版印刷。1973 年，逯钦立曾问询过书稿情况，表示想对书稿中个别作家的生卒年问题、标点等再做若干修订，中华书局 7 月 31 日将原稿寄出，逯钦立于 8 月 5 日收到。但不幸的是，收到书稿的次日，逯钦立突发心脏病去世，《先秦汉魏晋南北朝诗》的出版再次停顿下来。直到 1978 年，中华书局与逯钦立的家属取得联系，相关出版事

①　程毅中：《追忆往事，追思逯钦立先生》，《古籍整理研究学刊》2010 年第 5 期。
②　程毅中：《追忆往事，追思逯钦立先生》，《古籍整理研究学刊》2010 年第 5 期。

宜再次被提上日程，此书最终于1983年9月面世。此时，逯钦立已去世整整10年，而金灿然也已去世11年。值得欣慰的是，《先秦汉魏晋南北朝诗》得到了学界、读者的一致好评，中华书局在初版后，又多次重印。

图书质量是出版工作的生命，金灿然十分明白这个道理，因此他制定了图书出版的标准并严格执行。纵观金灿然的出版生涯，他始终坚持图书质量第一的原则，要求编辑人员务必做到一丝不苟、精益求精，避免失误。他要求编辑人员做到的，自己首先带头做到，工作再忙，每部书稿他都认真仔细地审查把关。1962年，"中国历史小丛书"中的一本，书稿已经完成编辑加工工作，准备签字付印。三校样送到金灿然那里，金灿然在审读时发现书稿中有若干处提到的同一地名与地理概念不相一致，他亲自查找资料进行核对，发现该书稿的正文所作叙述和地图标注不一致，于是把书稿退回责任编辑，要求他对书稿做进一步编辑加工，并重新绘制地图。金灿然对承担"中国历史小丛书"的所有责任编辑说，不要因为这套书是普及读物就马马虎虎，要教给青少年准确的历史、地理知识，否则，会以讹传讹，贻害读者。"中国历史小丛书"在学术界、出版界产生了较大影响，与这种严谨踏实的态度是分不开的。1962年10月，"中国历史小丛书"出版100种，中华书局专门在人民大会堂召开了丛书编委扩大会议暨庆祝大会。古籍小组成员、主编吴晗专程参加大会，他在会上说，编辑出版这套通俗历史读物，"一方面是为广大青少年普及历史知识，一方面通过历史人物和历史事件，进行爱国主义和历史唯物主义教育"[1]。《人民日

---

[1]　中华书局编辑部编：《中华书局百年大事记（1912—2011）》，中华书局2012年版，第186页。

报》、《光明日报》等媒体都对此作了系列报道。

1965 年，中华书局的一位编辑整理点校了一部古籍图书，但在断句、校改方面错误较多，被该书责任编辑毫不留情地指出来。依照整理者本人的水平，有些错误完全可以避免，但由于其工作态度草率，不够认真、不够严谨，才造成错误百出。为此，金灿然严厉地批评了这位编辑，要求他在当年，务必将错误较多的那部书稿重新审阅、修改一遍，并要求他在完成工作之前，不能再预支稿酬。这大概是金灿然对中华书局的编辑批评得最为严厉的一次了，但为了保证图书质量，他必须这么严格。

就这样，金灿然一手抓出版数量，一手抓出版质量，大力推动着中华书局的图书出版。自 1958 年主政中华书局到 1966 年"文化大革命"爆发，8 年时间里，中华书局出版古籍整理图书 600 余种。[①] 这些图书的出版，代表着当时国内古籍、文史类图书的最高水平，在我国出版史上书写了浓墨重彩的一笔。

四、整理点校"二十四史"

"二十四史"是中国古代二十四部纪传体史书的总称，约有 4700 万字，记述了从传说中的黄帝至明代崇祯帝 4000 多年间的经济、政治、文化艺术和科学技术等方面的情况，保存了大量史实、资料，反

---

① 古籍整理出版规划小组编：《1949—1981 古籍整理编目》，中华书局 1981 年版。这 600 余种古籍图书，同一本书的线装、平装本同时出版的，按一种计算，重版书（包括修订重排本）不计算在内。

映了中国错综复杂的历史进程，在中华文明史上占有极其重要的地位。这样一部"国史"，却因为没有标点、断句，对大多数读者来说使用起来有一定困难。因此，整理点校"二十四史"这一浩大工程，在 20 世纪 50 年代被提上了议事日程。

1958 年 6 月，点校本"二十四史"被列入古籍整理出版规划小组制订的第一个古籍规划中。这年 7 月，毛泽东对组织标点"前四史"做出专门指示，由吴晗、范文澜组织开展标点工作。9 月 13 日，吴晗、范文澜召集相关专家和出版社召开"标点前四史及改绘杨守敬地图工作会议"，金灿然作为中华书局总经理兼总编辑同地图出版社总编辑张思俊、中国科学院历史研究所尹达、侯外庐等一同参会。这是点校"二十四史"工作召开的首次会议，在这次会议上，确定了"前四史"点校的具体方案，为随后长达 20 余年的整理工作打下了最初的基础。其他二十史及《清史稿》的标点工作在会上也进行了研究，决定由中华书局制订规划方案，着手组织人力开展工作。10 月 6 日，范文澜、吴晗专门致函毛泽东，汇报会议情况，他们在信中说："关于标点'前四史'工作，已遵示得同各方面有关同志讨论并布置，决定于明年 10 月前出书，作为国庆十周年献礼，其余二十史及杨守敬历史地图改绘工作，也作了安排（标点本为便于阅读，拟出一种平装薄本）。现将会议记录送上，妥否，乞指示。"不久，毛泽东复信："范、吴同志：来信收到，计划很好，望照此实行。"

金灿然回到中华书局将工作布置下去，按照会议要求组织制定了《"二十四史"整理计划》，并把校点"二十四史"工作列为中华书局的重点项目。当时参与制订计划的专家有顾颉刚、聂崇岐、齐思和、宋云彬、傅彬然、陈乃乾、章锡琛、王伯祥等人。①"前四史"的整理点校者随即落实下来，《史记》由顾颉刚点校，贺次君参与标点；《汉书》由西北大学历史系点校，傅东华整理加工、撰写校勘记；《后汉书》由宋云彬点校，孙毓棠审定；《三国志》由陈乃乾点校。"前四史"的整理者虽然落实下来，但四部史书的总字数近 700 万字，同时要为国庆十周年献礼，在一年的时间内完成全部点校工作，并与读者见面，确实时间很紧，工作量巨大。中华书局承担着与点校者、审定者之间的协调工作，还要对完成的点校稿进行编辑加工，作为单位的一把手，金灿然承担的压力之大，可想而知。

11 月 6 日下午，金灿然召集顾颉刚、聂崇岐、贺次君、叶圣陶、王伯祥等专家，座谈标点《史记》及其三家注问题。在这次座谈会上，决定由宋云彬参照顾颉刚标点本过录重新标点。此后，金灿然与宋云彬关于《史记》的点校问题，以交谈、开会、写信等多种方式保持着密切的沟通。次年 5 月，宋云彬完成了 1.6 万字的《史记》点校说明，金灿然看后提出了修改意见，宋云彬改写后在日记中记录："较前所写者有条理得多，自视甚满意"，"赵守俨语余，金灿然对《史记》出版说明甚满意"。② 实际上，参与到《史记》整理工作中的，除了顾颉刚、贺次君、宋云彬，还有聂崇岐。"二十四史修订办"主任、中华书局总经理徐俊在修订本《史记》出版之际撰写文章提及："《史记》点校本成稿过程非常复杂，由贺次君初点，顾颉刚复点，宋云彬过录重新标点，聂崇岐外审，凝聚了四位先生

---

① 中华书局编辑部编：《中华书局百年大事记（1912—2011）》，中华书局 2012 年版，第 174 页。

② 《宋云彬日记》，中华书局 2016 年版，第 684 页。

的辛勤劳作和智慧学识。"① 金灿然与这几位专家之间始终保持着密切联系，随时跟进点校的进度，为他们提供相应的便利条件。就这样，中华书局、整理者、责编全力以赴，集多人之力，《史记》最终在 1959 年 9 月出版，成为中华书局为中华人民共和国成立十周年的献礼之作。出版后，《史记》受到热烈欢迎，并很快多次重印。

《三国志》随后在 1959 年 12 月整理出版，但《汉书》和《后汉书》的整理点校工作则进展较慢。为此，金灿然十分焦急，但这种情况不是他靠一己之力能够改变的，他当时能做到的就是及时联系整理者，为整理者提供尽可能的方便，派出中华书局有经验的编辑，与各史整理者保持密切联系。像武汉大学和山东大学承担的项目较多，金灿然就派人专程到武汉和济南，与两所高校的专家进行联系，向前推动进度。金灿然关心着整理工作的进展，要求中华书局内部工作情况简报及时刊载各史书稿的进行情况。1961 年 4 月的中华书局简报记载，"《汉书》大部分已付型，年内可以出版。《后汉书》一部分在排校中，全稿定在 6 月份发厂。《晋书》在加工中，6 月份可开始发厂。其余各史整理稿没有到手。"②

为了更好地开展工作，金灿然对"二十四史"整理工作从版本的选择、校勘成果的吸收、体例的统一等方面进行总结，并将文字稿《二十四史整理工作小结》发给承担整理点校"二十四史"的专家和机构，听取他们的意见和建议。中华书局还决定在古代史编辑组成立"二十四史"工作小组，以集中编辑力量承担这一重要任务，也能更

---

① 徐俊：《宋云彬：点校本"二十四史"责任编辑第一人》，《中华读书报》2012 年 2 月 22 日。

② 《中华书局工作简报》1961 年第 1 号，4 月 10 日。

方便地配合、协调承担"二十四史"的研究单位和高等学校的工作。

随着"二十四史"整理工作的开展，一些急需解决的新问题开始陆续出现，金灿然将这些情况，与"二十四史"的整理进度一并写入报告，于1962年8月向齐燕铭和周扬二位主管领导进行了汇报。金灿然在报告中没有回避"二十四史"整理点校工作进展缓慢的情况。当时已出版《史记》、《三国志》和《汉书》；《后汉书》和《晋书》正在编辑部校对、加工；《南齐书》、《梁书》、《陈书》、《南史》、《北齐书》、《周书》、《隋书》、两《唐书》、两《五代史》、《宋史》、《明史》等十三史已着手开始校点，但仍有《宋书》、《魏书》、《北史》、《辽史》、《金史》、《元史》六史还没有启动。金灿然对这个进度显然不满意，他在报告中总结了进度慢的原因，主要是承担"二十四史"整理点校工作的专家，同时还要承担着所在单位的日常工作，而整理者通常是高等院校的教授、专家，所以常受到高校教学、科研任务的影响，整理工作需要给教学、科研工作"让路"。当时各高等院校也在发展起步阶段，都在编写本校高等教材，这与整理"二十四史"的任务也存在着矛盾。综合考虑这些现实的情况，金灿然有了一个大胆的想法，他在这份报告中首次提出：希望把校点各史的负责人借调到中华书局工作，让这些整理点校者能够摆脱其他工作，集中时间和精力专门从事整理点校"二十四史"工作。

时任中共中央宣传部副部长的周扬看了金灿然的报告之后，非常重视，他同意金灿然提出的借调有关专家到北京集中整理点校"二十四史"的方案，并专门批示，编写高等学校参考教材的工作，如果与"二十四史"整理工作在时间和人力上冲突，参考教材可以让路。为了落实一些具体细节，中宣部的吴寄寒与包之静、教育部的胡沙，与金灿然随后又召开了一次碰头会，专门商量如何协调编写教材与整理"二十四史"的问题，胡沙代表教育部表示，会大力支持整理"二十四史"工作，并将尽可能协助调集校点人员来北京。金灿然得到上级主管部门的支持，在大的方案和具体细节都落实后，开始商调武汉大学的唐长孺、陈仲安，山东大学的王仲荦、卢振华、张维华，中山大学的刘节，吉林大学的罗继祖，南开大学的郑天挺，以及山西教育学院的王永兴等人。中华书局要与这些专家所在单位协调调动，为他们安排在北京的住处、办公室等，一系列工作完成后，这些专家先后来到位于北京西郊翠微路的中华书局大院，开始集中力量整理点校"二十四史"。当时教育部对这项点校整理工程的支持力度很大，提出担任项目较多的高校，可以为老专家加调一两位青年教师作为助手，一方面可以加快整理工作，同时也可以锻炼、培养年轻人。在多方的支持、配合下，成就了一段"翠微校史"的传奇。工作虽然紧张，但能够从事自己喜爱的工作，他们的心情是愉快的。

金灿然同古籍小组组长齐燕铭之间的联系更多，一直保持着书信往来，时而登门拜访，因此齐燕铭对整理点校"二十四史"的工作非常了解，也特别支持，与金灿然一起解决了很多困难。齐燕铭工作非常繁忙，但他仍然抽出时间到中华书局，与编辑、专家学者座谈，有问题就在会上及时解决。对一些专家的调动，齐燕铭发挥了很大的作用。

"二十四史"的整理点校工作在1966年被迫中断，金灿然克服各种困难抽调到北京的专家都被调回原单位，曾经热闹的翠微路2号院，瞬间冷清下来。而金灿然自从1963年患上脑部肿瘤，先后做过两次手术后，此时记忆力、表达力都受到严重影响，但就是在这样的情况下，他在 1967 年 5 月 12 日的日记中还写道："上午九时开会，念标点'二十四史'的人员的分配①，我被分到北朝组。……这很好，二十四史可以很快搞起来。"可以说，古籍整理出版工作已经深入金灿然的心中，成为他生命中不可分割的一部分。他最大的心愿就是看到"二十四史"整理本的出版。

在各方的协调、支持下，"二十四史"整理点校工作历时 20 余载，先后有近 200 人参与到整理、编辑、出版工作中，终于在 20 世纪 70 年代完成点校整理，点校本"二十四史"与世人见面。这部点校本"二十四史"，是新中国规模最大、影响最为深远的古籍整理出版项目，是第一部系统完整、科学规范的现代整理本，同时也是海内外通行的现代标准本，享有"国史"标准本的美誉。点校本"二十四史"的出版，影响深远，意义重大。遗憾的是，为之付出大量心血的金灿然没有看到其全部出齐。

关于"二十四史"的题签，大多数读者都不会特别注意，但有心人和有收藏经验的人都知道，"二十四史"全部书名的题写都是由郭沫若一人完成的。郭沫若对古代文化颇感兴趣，也颇有研究，古籍小组成立后，他和金灿然之间的交往虽然不是特别多，但每年都会有书信往来，金灿然也时常会请郭沫若为一些重要古籍项目把关。1959 年 9 月，中华书局拟出版中国科学院哲学研究所王明编校的《太平经合校》，金灿然就此事专门写信给郭沫若，希望郭沫若能够对书稿进行审读，并提出具体意见。收到信

---

① 1967 年 5 月，戚本禹要求中华书局继续点校"二十四史"，但这项工作仅开展了几个月。

之后，郭沫若非常重视，仔细审读了《太平经合校》的前言和"著录考"及部分经文，随后给金灿然写了一封回信："……觉得他（王明）是用了工夫的。这书和太平道有关，能印出来，大有用处。"《古籍整理出版情况简报》还对此信做了介绍。由此可见，当时郭沫若与金灿然在学术方面的交往是很密切的。到"前四史"准备给新中国成立十周年献礼时，书名题签由谁题写的问题提上了日程，金灿然想到郭沫若的书法功底深厚、爽劲洒脱，非常适合为"二十四史"题签，便让中华书局总编室主任俞筱尧与郭沫若的秘书联系询问，郭沫若非常爽快地答应了，立即题写了《史记》、《汉书》、《后汉书》和《三国志》前四史的书签。之后，金灿然考虑到其他二十史陆续推出的时间可能跨度较大，即便都由郭沫若题写，也会因其年龄等因素影响字的风格，为了保证"二十四史"题签的一致性，金灿然便请郭沫若将其余二十史的书名全部题写出来，留待完成点校工作出版时使用。金灿然与郭沫若因"二十四史"而产生的交集，也成就了一段佳话。

五、广泛交流学术信息

与学术界保持密切联系，关注学术成果，并及时将最新成果编辑出版，让广大读者能够及时了解、掌握，这是出版社的职责所在。金灿然对这一点非常重视，他在主持中华书局工作期间，积极主动与学术界联系，在繁忙的工作之余，尽可能参加一些相关的学术活动。

1954 年 5 月，金灿然被聘为中国科学院历史研究所第三所学术委员会委员。① 从那时起，金灿然与史学界的联系一直很紧密，多次参加中国科学院历史研究所的学术活动，结识了很多学术专家，建立了经常性联系。

1961 年 3 月 6 日，根据国务院指示，文化部和中央民委在民族文化宫举行座谈会，研究设立民族文化工作指导委员会和民族历史研究工作指导委员会的组织和工作问题。同年 7 月 23 日，中央民族历史研究工作指导委员会应内蒙古自治区主席乌兰夫邀请，组织访问团参观内蒙古自治区，翦伯赞担任访问团团长。金灿然参加了此次访问活动，当时与金灿然同行的有历史学家范文澜、翦伯赞、吕振羽、夏康农、王冶秋、刘大年、翁独健、韩儒林、熊德基等。正是这次访问后，翦伯赞创作出了脍炙人口的散文《内蒙访古》，在 12 月 13 日的《人民日报》上发表。近两个月的访问时间，行程一万五千余里，这次参观活动让所有专家对内蒙古的历史有了更深入的了解，也让金灿然与诸多历史学家朝夕相处，加深了彼此的了解。参观过程中，金灿然一行在内蒙古还与当地学者有了多次交流，参加了一些学术活动和座谈会等。这次内蒙古之行，金灿然收获颇丰。

1962 年 6 月 22 日至 29 日，金灿然参加内蒙古自治区历史学会在呼和浩特举行的纪念成吉思汗诞生 800 周年蒙古史科学讨论会。参加会议的除内蒙古自治区蒙古族、汉族、回族、满族史学工作者外，还有从北京、天津、山东、武汉、陕西、青海、吉林等地赶过去的金灿然、翁独健、邵循正等 20 多位历史学家和青年历史工作者。会议期间，金灿然以"如何作基本功"为题，给内蒙古大学的青年教师作

---

① 王玉璞、朱薇编：《刘大年来往书信选》上册，中央文献出版社 2006 年版，第 86 页。

了一次报告。金灿然还与翁独健一起提出倡议，希望从事蒙古史研究的专家学者，能够继续保持交流，组织有关如何开展蒙古史研究工作的座谈会，以便有机会交流各地蒙古史研究情况，这对制订蒙古史研究规划，对研究蒙古史文献、资料，对出版蒙古史学术集刊等做了初步安排。金灿然在会议期间还专门写信给中华书局的傅彬然、梁涛然、丁树奇等几位副总经理："这次学术讨论会，有外地若干大学来参加。""我想，为了多了解一些学术情况，请筱尧①也来一趟……新出的《多桑蒙古史》带五部来。"从信中可以看出金灿然对学术信息及与学术界沟通的重视。

内蒙古之行和成吉思汗讨论会，让金灿然一方面对内蒙古的历史进一步增加了了解，另一方面结识了很多研究内蒙古历史的专家学者，这对后来中华书局出版一系列有关元史、成吉思汗研究、蒙古族历史的图书，有着非常大的帮助。这些图书的出版，对推动蒙古史的研究工作又产生了推动作用。据不完全统计，从1962年起，在金灿然的精心组织下，中华书局编辑、出版的与内蒙古历史相关的图书，古籍方面有邵循正主持整理的《元朝秘史》，翁独健主持整理的《元史》，韩儒林主持整理的《元典章》和《国朝名臣事略》，赵万里辑的《元经世大典》和《大元一统志》等。此外还有《王国维西北史地论著集》（包括《蒙鞑备录笺证》、《黑鞑事略笺证》[附录《古行记校录》四种]）、《圣武亲征录校注》和《长春真人西游记注》等，也经过翁独健、韩儒林等整理出版；《蒙古源流笺证》由沈曾植著、张尔田校补后出版。在研究专著方面，金灿然和中华书局的编辑还向内蒙古少

---

① 俞筱尧，时任中华书局总编室主任。

数民族社会历史调查组和内蒙古历史研究所约稿，请他们编写《蒙古族简史》，请韩儒林等编写《元史纲要》，请内蒙古大学历史系等单位编写中级知识读物《成吉思汗》、《呼和浩特史话》和有关呼和浩特史的研究论文集等。当时中华书局还将冯承钧翻译的《多桑蒙古史》进行整理加工，准备出版。

在《古籍整理出版情况简报》上，金灿然还组织刊发了若干篇文章，讨论成吉思汗的生年。当时中外学者对成吉思汗的生年有着不同的学术意见，金灿然让中华书局的编辑专门拜访、请教了蒙古史专家邵循正。邵循正认为，成吉思汗生年应以《元史》所记为准。《元史·太祖本纪》说："二十二年丁亥（1227 年）崩，寿六十六，葬起辇谷。"依据此条史料逆推，成吉思汗生年是壬午年（1162），1962 年是成吉思汗 800 周年诞辰。邵循正还列举了陶宗仪《辍耕录》（卷一）所录《列圣授受正统》、《圣武亲征录》癸亥岁记事等作为佐证。邵循正还特别指出，王国维笺注多种蒙古史料，却不取《蒙鞑备录》和西域史料，坚持《元史》之说，是有卓见的。

1962 年 11 月 18 日至 26 日，湖南、湖北两省哲学社会科学联合会联合举办"纪念王船山逝世 270 周年"学术讨论会，金灿然与古籍小组成员、学界好友潘梓年、吕振羽、嵇文甫、关锋、冯友兰、杨荣国、谭戒甫、谢华、吴泽、吴传启、徐旭生、林聿时、吴则虞，两湖地区文学、哲学、史学工作者等参加了此次讨论会。会上对王船山的哲学思想、史学思想、政治思想、民族思想及爱国主义思想展开了讨论。

1962 年 11 月 6 日至 12 日，金灿然赴济南参加由山东历史学会、山东历史研究所主办的孔子学术讨论会。这次讨论会有来自全国 16

个省市的 160 余位专家、学者参加，其中有古籍小组成员、金灿然的老朋友吕振羽、冯友兰、于省吾、杨荣国、吴泽、蔡尚思、关锋等。吕振羽、冯友兰等在大会上作了专题发言，他们的发言摘要随后在次年第 1 期《文史哲》杂志上刊发。金灿然全程参加了大会，深入了解了此次大会以马克思列宁主义、毛泽东思想为指导原则，对我国悠久的历史文化所作的批判、总结。会议间歇，金灿然向与会者、时年 35 岁的年轻作者安作璋约稿。此前安作璋写过一篇《论桑弘羊》的文章，桑弘羊这位历史人物，在汉武帝身边几十年，对汉武帝的文治武功起了重要的作用，但在武帝晚年颁布《轮台之诏》、准备改变内外政策时，没有跟上历史形势的发展，最终演变为一个家破身亡的悲剧人物。金灿然希望安作璋在原文的基础上，能够进一步充实、加工文稿，将其扩展成一部专著，列入中华书局的历史知识读物编辑出版。会议结束后金灿然返回北京，安排了具体的编辑与安作璋联系，并很快与安作璋签订了约稿合同。了解到安作璋还在做一个秦汉农民战争方面的选题，就同时签订了《秦汉农民战争史料汇编》的约稿合同。安作璋自称当时"是史学队伍里的一名初出茅庐的史学小兵"，"深感自己的理论水平和知识水平都很差"[1]，金灿然代表中华书局向他约稿让他很是激动，而且有种知遇之感，"抱着一种练习的态度，欣然接受了这个任务"[2]。比较遗憾的是，由于历史原因，安作璋的专著《桑弘羊》一书，直到 1983 年才由中华书局出版。《秦汉农民战争史料汇编》1965 年交稿后，"文化大革命"爆发，在混乱的形势下，书稿遗失。直到 1982 年，中华书局与安作璋联系上，才重新编撰出

---

① 安作璋：《桑弘羊》，中华书局 1983 年版，第 90 页。
② 安作璋：《桑弘羊》，中华书局 1983 年版，第 91 页。

版了此书。

这种约稿，是金灿然在繁忙的工作中抽出时间参加学术会议的重要原因——了解老专家的研究动态，发现青年学者的锐意进取，与他们保持密切联系，将他们的学术思想、学术成果以图书的形式展现在读者、学术界面前，这是一位出版人的使命感，更是一位伯乐的责任感使然。

金灿然还将参加学术会议的相关情况整理出来，介绍给青年学子和干部学员。他受邀在北京大学、中央党校等地为学生作过专题报告，介绍孔子和王船山的研究情况。当时，中央党校历史学教授兼历史教研室顾问吕振羽，在校长杨献珍的支持下，邀请了包括金灿然在内的20多位专家到校给学员讲授历史课、作报告，这些人中有不少是古籍小组成员。1963年4月，金灿然为党校理论班第一班"一九五九年班"作了一次报告，报告的题目是《介绍学术界讨论孔子和王船山的一些情况》。这个班的学员，全部为各省、市委党校及大专院校教研室主任，各省、市委宣传教育、新闻出版、理论研究机关的干部，还有少数年轻、有培养前途的理论工作者，这一期的学员政治理论、文化水平较高，被大家称作"秀才班"，在中央党校学习了三年。

给干部学员与大学生、科研人员讲授历史，在方法和形式等方面，不能完全一致，需要因材施教，金灿然为此做了非常充分的准备。从孔子与王船山的哲学思想、史学思想、政治思想、民族思想及爱国主义思想等各个方面做了全面介绍和比较，用历史唯物主义方法对二人给予了深入解读。中央党校历史教研室根据课堂笔记，同时参考相关学术著作、历史资料等，把金灿然这次讲座的内容整理出来，并装订成厚厚的一册，学员以及一些相关专业的研究者都纷纷索要这本讲义。

六、创办《文史》杂志

1961年1月，中共八届九中全会召开，对国民经济提出"调整、巩固、充实、提高"的八字方针，出版行业随之开展了全面调整工作，其中最重要的一项就是整顿、精简中央一级出版社和刊物，据资料显示，当时104家中央级出版单位的1254种刊物，缩减到307种[①]，只有那些影响比较大的刊物保留下来。而此时，中华书局正考虑创办一份刊物，专门刊发一些老专家秉承乾嘉学派的严谨撰写的一些资料性、考据类的文章。通过刊物，可以团结一批老专家，同时可以广泛联系作者，交流经验和信息。在精简刊物的大背景下，想办新刊，难度很大。于是，金灿然找到齐燕铭、吴晗、潘梓年等人，对办刊的事情进行研究商讨，最后大家的意见基本达成一致，认为有必要创办一个专刊。

于是，由金灿然出面，把大家的意见汇报给时任中宣部副部长的周扬，得到批准后，《文史》于1962年创刊了。这份刊物虽然单独印刷发行，但按照周扬意见，最后决定《文史》由《新建设》杂志社和中华书局合编。

《新建设》1949年9月8日创刊，编委会负责人费青，编委14

---

① 方厚枢、魏玉山：《中国出版通史9·中华人民共和国卷》，中国书籍出版社2008年版，第111页。

人（以姓氏笔画为序）：向达、吴晗、李广田、袁翰青、张志让、费
于、费孝通、闻家驷、雷洁琼、樊弘、潘静远、钱伟长、钱端升、严
景耀。董事长王昆仲、费振东、潘祖丞。1958 年秋，《新建设》划归
中国科学院哲学社会科学学部领导，成为我国在中国共产党领导下的
第一个哲学社会科学综合性杂志。当时《新建设》杂志所刊文章反映
了学术理论界的主要学术理论观点和思想动态，在活跃学术氛围和开
展学术讨论方面起到了积极的作用。

　　《文史》创刊后，为便于工作，《新建设》杂志社和中华书局做了
明确分工，即：《新建设》编辑部确定稿件，编辑加工后送到中华书
局，中华书局副总编辑萧项平、编辑沈玉成与《新建设》杂志作对接。
《文史》编辑委员会由吴晗、冯定、何其芳、金灿然、吉伟青五人组
成，吴晗负责编辑委员会的召集工作。

　　金灿然对《文史》杂志的创刊非常重视，同时有着很谨慎的考虑。
当时他要求《文史》的编辑和主管局领导，必须掌握《文史》的稿源、
作者等情况，提出要做到"三不"，即不组稿、不刊登广告、印数不
超过三千。金灿然提出"三不"，并不是他过于保守、谨小慎微，而
是与当时大的学术背景、政治背景有着直接关系。《文史》创办的初
衷是繁荣哲学社会科学，贯彻"百花齐放，百家争鸣"的方针，但在
文史哲方面非常强调以马克思主义观点对待文学遗产的批判与继承、
对待历史资料。《新建设》编辑部在这方面的原则性非常强，一般的
学术性文章，编辑部可根据实际情况进行编辑加工，涉及重大问题的
文章则需要讨论、研究、审核，自由来稿刊发前，还需要听取作者所
在单位的意见，如果作者的政治面貌不过关，一般来说文章就很难刊
用了。当时学术界已经开展了一系列的"学术批评"活动，且越来越

多涉及政治方面问题。在这种情况下，一本期刊的编辑出版，已不是单纯的学术文章的刊发问题。学术界、出版界、政府机关对刊物的关注度，使得金灿然和《文史》编辑部、《新建设》编辑部必须谨慎再谨慎、小心再小心。在这种情况下金灿然提出"三不"原则，应当说是顺应形势的。

第一辑《文史》，定位是专门辑印研究我国古代和近代（"五四"以前）历史、哲学、文学和语言文字等方面的学术论著。举凡以史事、考据或资料为主的专题研究、古籍的笺释训诂，稀见资料的辑集整理，和有关版本、目录、校勘、训诂等方面的研究文章，只要言之成理、持之有故，不拘文章体裁和文体字数，均可收入，刊登出版。第一辑《文史》所刊文章，完全体现了这一办刊定位，史学方面刊发了段熙仲的《礼经十论》、汤炳正的《〈屈原列传〉新探》、黄侃的遗稿《读汉书后汉书札记》、陈垣的《法献佛牙隐现记》、周清澍的《成吉思汗生年考》、蒋孟引的《1854 年 6 月太平天国东王答复英国人三十一条并责问五十条诰谕》、张德钧的《梁启超记谭嗣同事失实辨》、张静庐的《辛亥革命时期重要报刊作者笔名录》；文学方面刊发了于省吾的《泽螺居读诗札记》、游国恩的《楚辞讲录》、文怀沙的《屈原招魂注释》、祝廉先的《文选六臣注订伪》、湛之的《高明的卒年》；哲学方面刊发了江世荣的《有关庄子一书的历史资料》、庞朴的《告子小探》、杨宽的《后期墨家的世界观及其与名家的争论》、朱谦之的《王充著作考》等。

值得一提的是《文史》第一辑中的发刊词。发刊词是期刊创刊号向读者明确刊物定位、办刊宗旨的重要文章。金灿然当时把责任编辑沈玉成叫到办公室，让他起草，并口头向他表达、描述了发刊词的大概宗旨：“材料和观点是研究工作中不可缺一的两个部分，也就是史学家正在讨论的史、论关系的问题。有的老专家辛苦了一辈子，搞出来不少有用的东西，可是现在没有地方发表。百花齐放、百家争鸣，只要老老实实做学问，考据资料也是有用的，也可以算一家。现在有一种不好的学风，空话讲得太多，我们要反对这种学风。”“我们要求《文史》具有这样一种鲜明的风格，即崇尚实学，去绝浮言。”沈玉成完成了发刊词的起草工作后，金灿然又亲自进行修改，然后打印出来送给编委会审阅。吴晗、何其芳、林涧青、冯定等对发刊词同样很重视，都提出了具体意见。发刊词在创刊号出版时改为《编者题记》。“崇尚实学，去绝浮言”8 个字成为《文史》独具一格的办刊宗旨，并坚守 50 余年。

《古籍整理出版情况简报》在 1962 年第 9 号刊出《〈文史〉第一辑即将出版》的预告文章，《历史研究》杂志 1962 年第 5 期刊出《〈文史〉第一辑出版》的文章，对《文史》进行介绍。第一辑《文史》因其强大的作者阵容、精彩的文章、较高的学术品格，如一股清流注入当时的学术界，引起广泛关注，3000 册很快销售一空。第二辑《文史》保持了第一辑的高水平，也顺利按期编辑出版，第二辑刊发了顾颉刚的《〈逸周书·世俘篇〉校注、写定与评论》一文，这篇文章是新中国成立后顾颉刚的第一篇力作，学术水准很高，引起学术界的关注。

《文史》所刊发的文章内容广博丰富，涉及文史哲方方面面，多考据类、资料类文章，这给编辑审稿带来极大的挑战。针对这种情况，金灿然将中华书局的资深编审都动员起来，文学类稿件请王仲闻、程毅中、傅璇琮，历史类稿件请孙人和、傅振伦、陈乃乾、赵守俨、李侃，哲学类稿件请章锡琛、童第德、马非百、陈金生等帮助审读，他们实际上也成为《文史》不在册的编辑。

史学家张政烺曾在回忆文章中这样评价《文史》的创刊："(《文史》) 保全了一部分学者的时间和精力，使他们写出并印出一些有用的东西。"①

遗憾的是，1965 年 6 月《文史》第四辑出版后，中华书局陷入山雨欲来风满楼的氛围，金灿然脑病复发，同事纷纷被号召写大字报揭发他，齐燕铭也被揪到中华书局进行批判，而《文史》的出版竟然是他们获罪的原因之一。

《文史》的编辑出版工作陷入停顿，就这样无声无息、黯然地退出了历史的舞台。直到 1978 年，经多方努力，《文史》才终又复刊。

---

① 张政烺：《〈文史〉出版三十辑感言》，《张政烺文史论集》，中华书局 2004 年版，第 770 页。

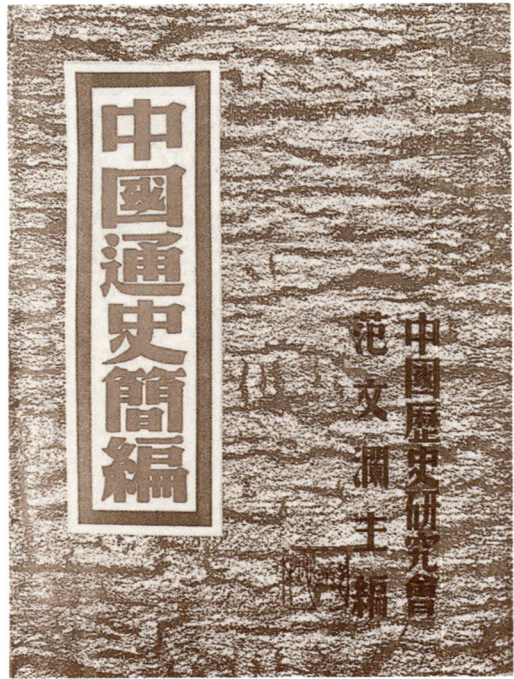

《中国通史简编》（1947 年版）封面

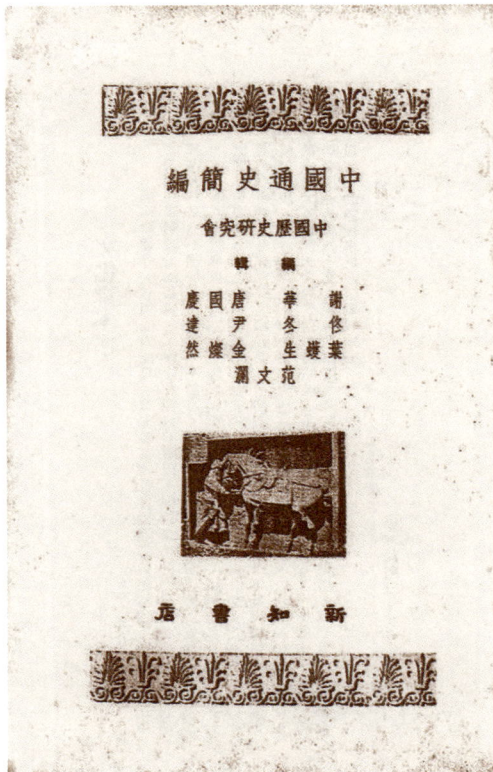

《中国通史简编》（1947 年版）扉页

《中级国文选》（1942年版）
第一册封面

毛泽东为《中级国文选》
（1942年版）所作序言

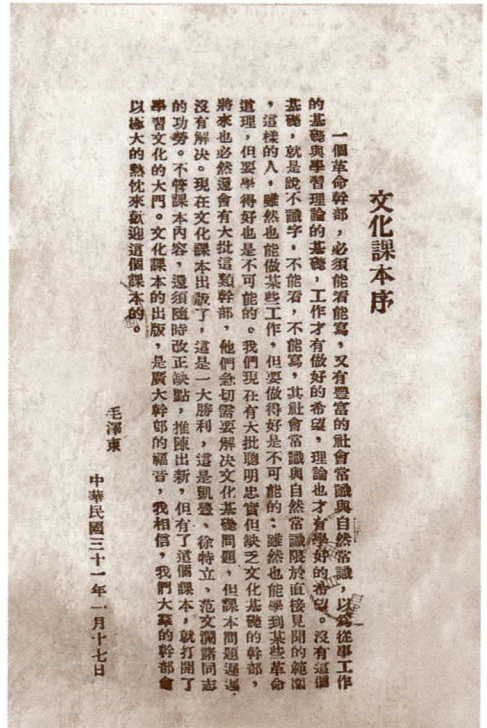

文化課本序

一個革命幹部，必須能看能寫，又有豐富的社會常識與自然常識，以及從事工作的基礎與學習理論的基礎，理論也才有學得好的希望。沒有這個基礎，就是說不識字，不能看，不能寫，其社會常識與自然常識限於直接見聞的範圍，這樣的人，雖然也能做某些工作，但要做得好是不可能的。我們現在有大批聰明忠實但缺乏文化基礎的幹部，他們急切需要解決文化基礎問題，但課本問題遇過去沒有解決。現在文化課本出版了，這是一大勝利，這是凱歌，徐特立、范文瀾諸同志的功勞。不管課本內容，還須隨時改正缺點，推陳出新，但有了這個課本，就打開了向文化學習的大門。文化課本的出版，是廣大幹部的福音，我相信，我們大衆的幹部會以極大的熱忱來歡迎這個課本的。

毛澤東

中華民國三十一年一月十七日

华北人民政府教育部教科书编审委员会全体工作人员合影（1949年10月1日）。前排左五为金灿然，左九为张苑香，中坐者左六为叶圣陶，左七为宋云彬

1958年2月9日，古籍整理出版规划小组成立签名

《整理和出版古籍计划草案》（历史部分、文学部分、哲学部分）

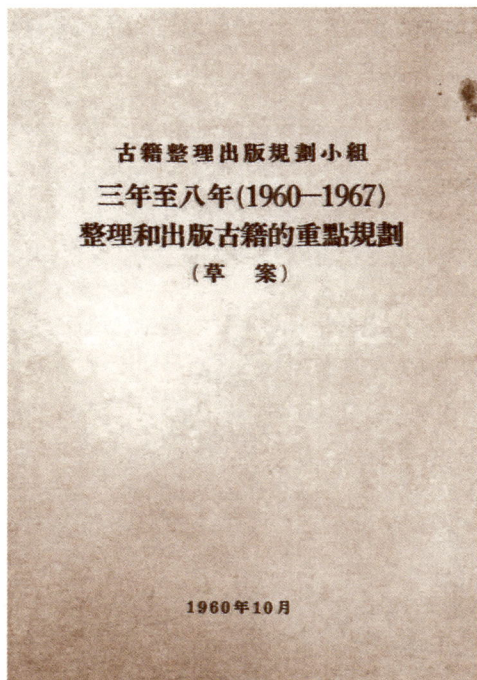

古籍整理出版規劃小組

三年至八年(1960—1967)
整理和出版古籍的重點規劃
（草　案）

1960年10月

《三年至八年（1960—1967）整
理和出版古籍的重点规划（草案）》

《古籍整理出版动态》

《古籍整理出版情况简报》

金灿然手迹

史記　漢書　後漢書　三國志　晉書

宋書　南齊書　梁書　陳書　魏書

北齊書　周書　隋書　南史　北史

舊唐書　新唐書　舊五代史　新五代史　宋史

遼史　金史　元史　明史　清史稿

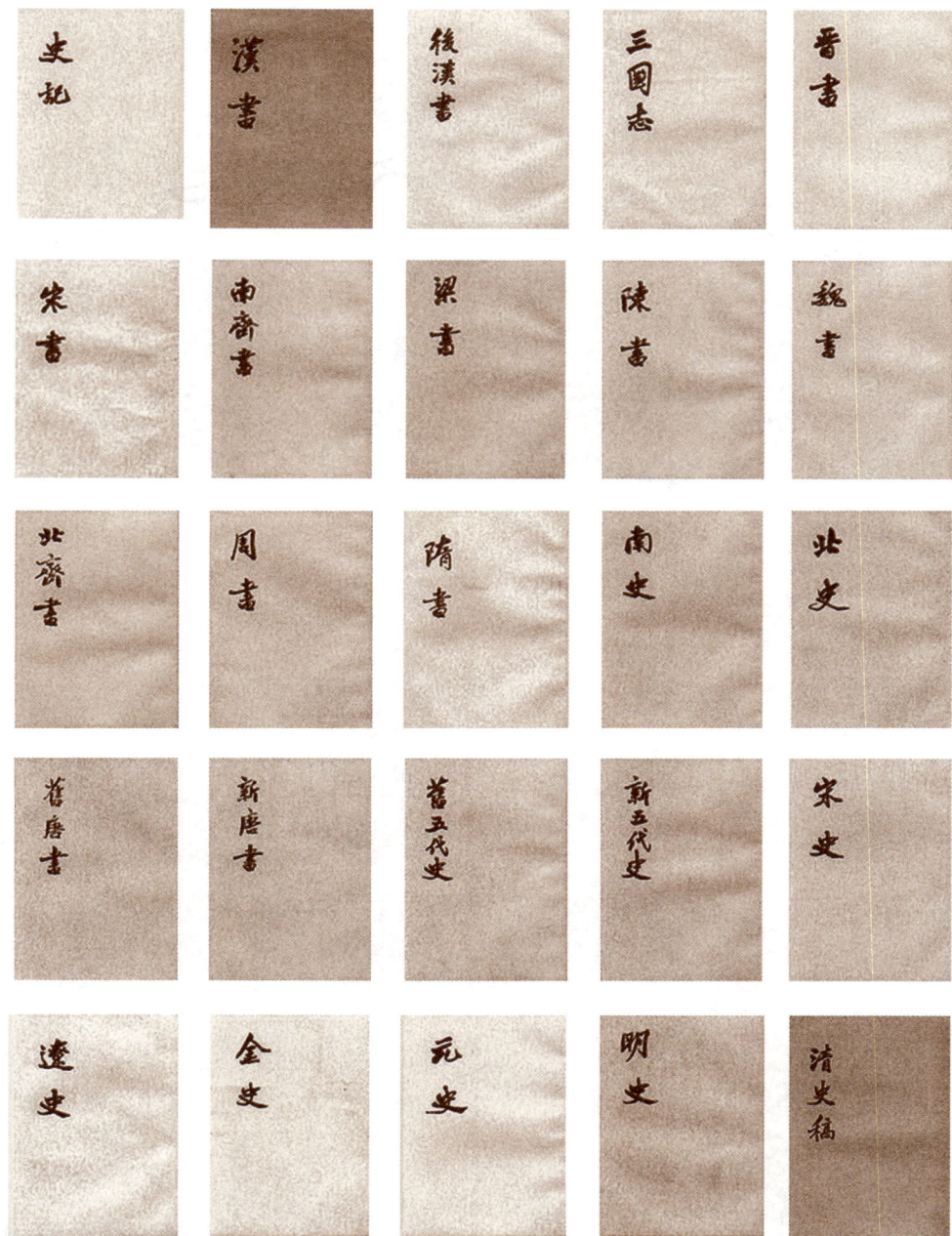

郭沫若为"二十四史"及《清史稿》题写的书名

《文史》前四辑

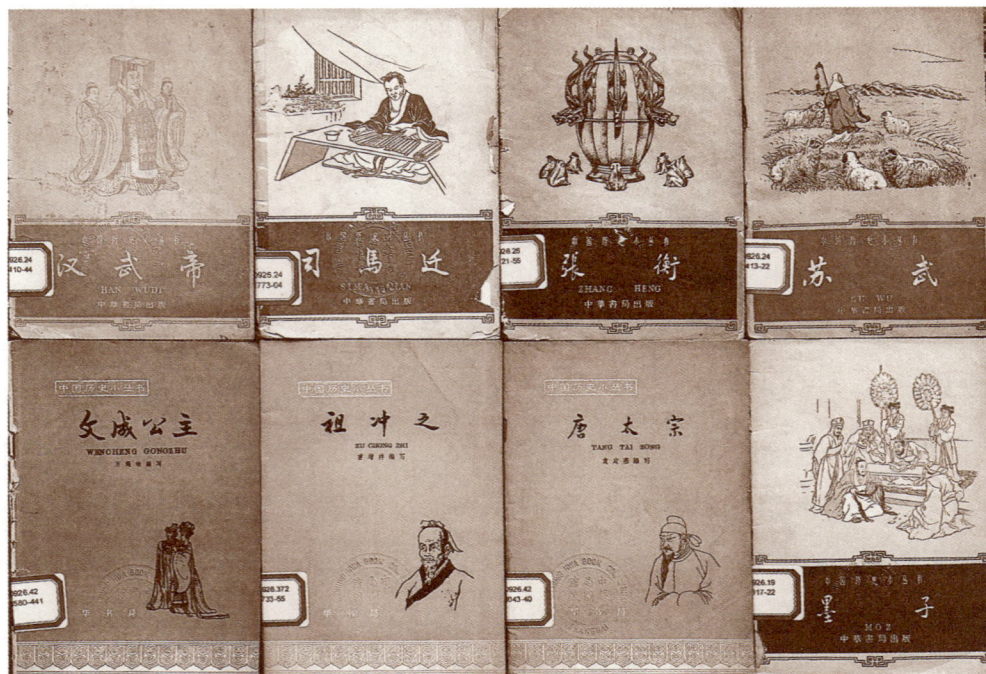

"中国历史小丛书"部分书目

第九章

务实的出版理念

前文已提及，金灿然关于出版工作方面的署名专著和文章并不多，他的出版理念和出版经验没有得到及时总结，这对一位出版家来说，是一个比较大的遗憾。但是，金灿然在多年出版实务中逐步形成的出版理念，极大地推动了我国古籍整理出版事业的发展，同时也丰富了我国的出版理论。

出版工作有着自己的特殊性，一旦出版成书，白纸黑字的成品摆在那里，如果有错字、病句，会显得特别醒目、扎眼，这是出版工作者最不愿意看到的事情。特别是古籍图书的出版，对编辑、对出版单位的要求更高。因此，古籍图书的出版要有自己的一套流程，要遵循自己的规律，只有按照规律和流程办事，同时编辑和校对要细心再细心，才能最大限度地提高古籍图书的出版质量，避免失误。

金灿然到中华书局后，对古籍图书出版这项"特殊"工作，投入了巨大精力，进行着全流程的管理，从选题策划到物色作者，从组稿到审稿、发稿，从校对到印刷、发行，从封面设计到版式要求，从初版到再版……事无巨细，无不躬亲。前文已谈过金灿然在制度建设方面所做的工作，本章将主要围绕金灿然在出版实务方面的具体运作展开。

一、一丝不苟抓出版实务

在组约稿件方面，金灿然除关心学术界的最新学术信息、参加相关的学术会议之外，在日常工作中对稿件来源也给予高度关注。

1962 年 3 月，我国知名藏书家、伏跗室主人、浙江慈溪人冯孟颛去世，弥留之际，这位老人将自己所藏十余万册图书及几百种碑石拓本悉数捐赠给国家。金灿然得到消息后，在为冯孟颛的去世感到惋惜的同时，觉得应将老人所藏有价值的古籍图书影印或者整理出版，这是对老人最好的纪念。金灿然安排中华书局的同事与冯孟颛的家人联系，了解藏书中有哪些善本可以影印出版，有哪些适合整理出版。金灿然还专门提到冯孟颛所藏稿本《李长吉诗注》。此前中华书局上海编辑所在 1959 年出版《三家评注李长吉歌诗》时，金灿然曾与冯孟颛联系，想借阅、使用他所藏的稿本，但因为种种原因并未借到，一直引以为憾。冯孟颛把藏书捐给国家后，金灿然想到应该再次借阅这一稿本，并专门求教于中华书局老专家童第德，征询他的意见和建议。童第德很快了解了相关情况，并将此事向金灿然作了书面说明：

> 李长吉诗注，本年五月间，曾函宁波文物局请其检送，尚未
> 得复，拟再作书催询，并请其将谢山眉批的《鲒埼亭集》同时带
> 来一看。《名臣碑传·琬琰集》浙馆有之，其它各馆亦藏有此书，
> 并不十分珍贵。
>
> 童第德　九、廿八、六二[①]

童第德提到的全祖望的《鲒埼亭集》，后来中华书局因故也并未整理出版，但此事充分体现了金灿然对图书选题的敏感度。

在组约稿件、策划选题方面，金灿然很重视听取他人的意见建议。1964 年 10 月，中华书局接到南京市委一位同志的来信，建议将《资治通鉴》进行选编，加上注解，以方便中级以上干部阅读、借鉴。金灿然非常重视这个建议，对此专门批示道："来信人文章颇清楚，可用古史组或丛书组名义同他建立联系。"众所周知，毛泽东批示整理出版《资治通鉴》，由诸多知名专家组成了"标点资治通鉴小组"，在这个小组的努力下，标点本《资治通鉴》于 1956 年由古籍出版社出版。1958 年，古籍出版社撤销，出版资源及编辑力量一起合并到中华书局，此后由中华书局承担《资治通鉴》的重印等工作。因此，才有了读者来信建议中华书局选编《资治通鉴》一事。金灿然在落实选编《资治通鉴》时，请此前参加过《资治通鉴》整理的郑天挺担任主编，分册编注的任务则由王仲荦、张维华、宋锡民等人担任，选编

---

① 见中华书局档案。

者阵容十分强大，因此，不到一年，《资治通鉴选》便顺利完成选编、注释工作，由中华书局正式出版。《资治通鉴选》主要选取了《张骞通西域》、《黄巾起义》、《安禄山之乱》、《黄巢起义》等经典内容，与此前出版的《左传选》、《汉书选》、《三国志选》等一并收入"中国史学名著选"丛书中。这套由郑天挺主编的丛书一经面世，便受到高等学校历史专业老师、学生等广大读者的热烈欢迎，此后多次再版、重印。直至今天，这些选本仍不失为很好的选本。

1961 年，齐燕铭在给金灿然的信中提到，建议中华书局整理出版玉茗堂全集、郑板桥诗文集和徐文长诗文集，并专门备注，出版这几部文集是中宣部副部长周扬提出的建议。金灿然主政中华书局后，已经先后整理出版了汤显祖的《牡丹亭》、《南柯记》、《邯郸记》及其诗文集、戏曲集等，但未出版全集，所以周扬提到要出版玉茗堂全集。金灿然接到齐燕铭和周扬的批示后，请文学组的编辑抓紧组稿、编辑汤显祖、郑板桥和徐渭的作品集。很快，由徐朔方笺校的《汤显祖诗文集》于 1962 年出版，《郑板桥集》由中华书局上海编辑所于同年出版。《徐渭集》的编辑出版情况比较特殊。1961 年该书的编辑出版任务落到文学组程毅中身上，程毅中发现很多徐文长的作品集所收诗文都不全，因此专门买了明刻本徐文长诗文集进行核对，还专程找藏书家傅惜华借到他收藏的明刻本《徐文长三集》，将未收诗文从两本明刻本中手抄出来插到《徐渭集》中。《徐渭集》在编辑过程中经历了很多曲折，特别是同时交办的《汤显祖诗文集》和《郑板桥集》已经出版，这让程毅中压力很大，尽管如此，程毅中仍然坚持核对底本，对书稿进行不断修改。多年后程毅中回顾这本书的出版过程时说："但是我还是觉得应该等编得更精准些再出，因为古籍整理就应该这么做。"①1965 年《徐渭集》打出了清样，但由于历史原因被搁置下来，到 1983 年，这本书才与读者见面。

金灿然还曾就李贽《初潭集》的选题致函周扬，因为《初潭集》是李贽与道学家展开激烈斗争的产物，金灿然担心这本书的出版会引起不必要的争议，故专门致函周扬请示此书是否可以出版。周扬就此事回复金灿然：

灿然同志：

《初潭集》奉还，我之意此书可以翻印，请斟酌。②

这几位大家的作品集，金灿然在当时都已抓紧组织组稿、编辑、出版工作，但后来因为众所周知的历史原因，并未能够按预期的那样与读者见面。

金灿然重视组约稿件，并付诸行动，经过一段时间的努力，中华书局一改过去稿源不足、等米下锅的被动局面，稿源日渐充沛、丰富，逐步形成了书稿排队的喜人局面。

中华书局在学术界的影响力也日渐凸显，中国科学院学部扩大会议上，专家学者在发言时都会提到中华书局近期出版的相关学术著作。中华书局的编辑外出组稿时，高等院校和学术机构都很欢迎他们的到访。中国科学院学部和高等院校对中华书局的古籍规划都做了专门讨论，特别是对规划项目"二十四史"，多家高校都对整理、点校工作做出了具体安排，专门抽出一线专家、教授参与到整理工作中。

---

① 张聪聪：《我们的前辈：资深名编谈出版》，《中国出版传媒商报》2018 年 5 月 18 日。
② 见中华书局档案。

北京大学历史系对中华书局寄去的《古籍规划》非常重视，先后三次致函中华书局，提出非常具体、细致的合作方案。武汉大学的教授在整理《北史》时出现了不同意见，中华书局从出版者的角度适时提出了自己的看法，被武汉大学采纳。社会上的读者也经常来信，对古籍图书的整理出版提出意见或反映情况。

这个转变，不是一朝一夕间完成的，而是通过日积月累、不懈努力达到的，这是中华书局每一位员工努力的结果，但没有人会忘记金灿然在其中所起到的积极作用和付出的巨大心血，以及他的高瞻远瞩和高屋建瓴。

二、加强出版流程管理

金灿然对出版流程全方位进行管理，对每一位员工都严格要求。

在审稿方面，他认为一名合格的编辑，特别是一名合格的古籍图书的编辑，不能只是改改错字，而应该在知识和理论等方面不断探索，逐步提高。在书稿加工之外，从版式、封面到印制，编辑都应该熟悉和了解，直至了然于胸。

金灿然经常会抽读编辑加工过的书稿。在中华书局的档案中，保存了他对众多书稿的审读意见，有的写得很正式，有的就直接用铅笔写在便签上，看似随意，但却切中肯綮。

20世纪60年代初期，中华书局先后出版了若干本论文集，如《唐诗论文集》、《义和团运动六十周年纪念论文集》、《中国古代地理考证论文集》、《杜甫研究论文集》、《辛亥革命五十周年纪念论文集》、《徐光启纪念论文集》、《李白研究论文集》等。论文集与专著的编辑出版略有不同，一般都是多篇论文结集成版，而每篇论文常常是不同作者完成的，专业性、学术性较强，行文风格迥异，遣词造句各有不同，在审稿时对编辑的综合素质和能力要求较高，因此会带来一些编辑加工方面的问题。为此，金灿然针对论文集的编辑出版工作专门做出批示："每文写一简要情况，就像《文史》那样，包括内容、质量、问题等，以便我审查时参考。以后每本论文集都如此。如有需要综合说明的，像《李白研究论文集》那样写法也可以。"① 对每一篇论文都要从内容、质量、问题等方面给出意见，可以看出金灿然对编辑的要求是极其严格的，更可以看出金灿然对中华书局出版的每一本书、每一篇文章的重视程度，正因如此，才能保证每一本与读者见面的专著、论文集的学术质量和编辑质量。

金灿然还要求编辑"以后处理问题，最好把有关材料一起送给我，这样，我可以一次处理，以免反复查考，浪费时间"，"《业务情况》中的长文（如超过千五百字），要有提要或小标题。下期中，档案和光明某人谈话均请加提要"。② 前一条是金灿然需要对书稿全方位了解从而提出的要求；后一条是金灿然给《业务情况简报》的编辑提出的要求，虽然《业务情况简报》并未公开发行，仅仅是一份内部交流刊物，但可以看出金灿然对其审查依然很严格。

发印环节，金灿然抓得也很紧，他要求中华书局的相关部门，在审查发印书稿时，要特别注意三件事：一是质量，二是作者情况，三是教材要注意教学改革。第一点和第二点，是针对所有书稿提出的，

---

① 　见中华书局档案。
② 　见中华书局档案。

第三点，是金灿然就教材类图书的出版提出的立意高远的要求。

1965 年 7 月，由翦伯赞、郑天挺主编的《中国通史参考资料》的付型样送到了金灿然那里。这套丛书主要针对各高校在中国通史教学中提出的问题进行系统、全面的梳理，由全国数所高校分工编写，书中提供大量原始资料，以便于历史系学生充实历史知识、锻炼古文阅读能力。金灿然很重视这套丛书的编辑、出版工作，因此在看付型样时非常仔细，很快发现了若干问题，并就这些问题专门写了审查意见：

> 《通史资料》近代部分下册是付印样，上册是付型样，不知何故？上册何时付印？①

相关的编辑人员检查了书稿，并回复金灿然，这部书稿因为改过版才造成目前的状况。问题解决后，《中国通史参考资料》印刷出版，正式与读者见面，并受到好评。

对编辑组和出版部的工作，金灿然提出一些看似小，实则会影响读者阅读的问题。比如，对大部头的多册古籍图书的出版，金灿然就明确提出，不能只在第一册出总目录，分册图书在出版时也要注意加目录，否则读者在阅读、查找时，需要把第一册随时放在手边翻查，会带来不便。金灿然对此还进一步明确道："可以有总目，有分目。有的总目与分目可以相同，有的总略分详。如何安排，请根据具体情况决定。在排校、印制过程中的原书，均请重新考虑这个问题。"②

---

① 见中华书局档案。
② 见中华书局档案。

在序言方面，金灿然同样要求严格，在中华书局的档案中经常能看到金灿然用铅笔写下的便签，"某某同志，序言问题一稿，请改好交我"①。金灿然在报刊上看到好的文章，也会对编辑室主任提出要求：

> 《试论〈聊斋志异〉的精华与糟粕》一文（光明日报七月十一日）很值得看看。此文用批判继承的精神，对《聊斋》作了具体的分析。我们的序言如能写到这个程度，那就好了。
>
> 文学组及其他组同志，如有兴趣，很可以讨论一下。②

金灿然还非常重视封面设计。1962年，汤用彤的《往日杂稿》正在中华书局编辑加工，准备出版。汤用彤是我国著名哲学家，《往日杂稿》是他的论文、书评合集。金灿然对古籍、学术类图书的封面要求是典雅、简洁、大方，因此他专门与中华书局副总编辑丁树奇沟通："学术论文集的封面设计，请速抓一下，从最近即将出版的书开始，《往日杂稿》即其一种。"③同年12月，《往日杂稿》出版，封面设计体现了金灿然的要求，朴实无华，受到读者的欢迎，很快销售一空，为满足读者的需求，在出版一年后很快又重印一次。

此外，对书稿的保管、编辑署名，以及书稿再版等，金灿然都有相关的批示：

---

① 见中华书局档案。
② 见中华书局档案。
③ 见中华书局档案。

　　为了避免把文稿、校样弄破、丢失，今后稿件周转，还是请包起来或夹起来为好。①

　　参加编辑工作的同志（局内、外），什么人在书上署名，印在什么位置，要经谁批准。此事请王把关。②

　　书稿再版时，应征求作者意见，请他修改。我们如有重要修改，也要征求作者意见。③

　　出版工作无小事，纸质书稿、校样在出版过程中要在单位各个部门之间流转，从责编、二审、三审，到校对、美编，最终送至印厂印制，哪个环节丢了一页，特别是有着编辑加工痕迹的一页，那将带来很严重的损失，编辑的心血也将随之付诸东流。正因为这个原因，金灿然专门做出批示，要求各部门在对待书稿校样时要包起来或者夹起来，以保证书稿的"安全"和完整。20世纪五六十年代，出版物上一般是不署"责任编辑"为何人，所谓"为他人做嫁衣"，这是习惯使然或者是某些历史原因造成的，但今天看来，这对编辑是不公平的，没有体现编辑为一本出版物所付出的劳动，金灿然在当年的批示中提出"参加编辑工作的同志（局内、外），什么人在书上署名，印在什么位置"，可以看出他对这个问题是有所思考的，体现出他对编辑这一工作的尊重。而提出图书再版应该征求作者意见，特别是出版社对初版书做了修改的情况下，尤其要征求作者意见，则充分体现出金灿然对作者的智力成果的尊重，用今天的话说，是对作者知识产权

---

　　① 　见中华书局档案。
　　② 　见中华书局档案。"王"为中华书局的王代文。
　　③ 　见中华书局档案。

的尊重。

对这些问题的处理，充分体现出金灿然作为一名出版家，对出版行业做到了透彻的了解和全面的把握，并勇于在出版工作中创新。这正是一名出版家所应有的基本素养。

三、深厚的学术素养

中华书局作为古籍出版社，主要整理出版古籍图书和相关的学术专著，这些图书涉及文学、历史、哲学等各个方面，对出版者的学术素养要求极高，特别是在涉及民族问题、人物评价、学术价值等的判断时，尤其能看出一位出版家的内涵与底蕴。

中华书局在 20 世纪 60 年代初，先后出版了《太平天国史料》、《太平天国诗文选》、《太平天国史料丛编简辑》、《太平天国革命亲历记》、《太平天国科举考试纪略》、《太平天国制度初探》等一系列有关太平天国的图书。其中多处涉及对洪秀全的族弟、太平天国军师洪仁玕的评价。金灿然认为如何介绍洪仁玕非常值得研究。他指出，洪仁玕其人，有两点是值得肯定的："（一）以身殉国，而且在殉国前在敌人面前仍在替天国辩护；（二）最后对资本主义侵略者有了正确的认识，认为'洋人助妖'是'祸害之源'。"[1] 他进一步指出，洪仁玕"早年对革命可以说是个旁观者，几度动摇，有人甚至说他是个投机分子。参加革命后，恐怕也没有对革命作出多少贡献，当时天国的形势

---

[1]　见中华书局档案。

危机四伏，一个书生也很难有所贡献。而且，他在执政期内，曾在外交政策上犯了大错误，因而受到天王的处分"①。而洪仁玕的《资政新篇》，金灿然认为有一定程度的反封建思想，"似乎可以介绍"②。从对一个历史人物的评价和认识可以看出金灿然的学术素养，他自觉地运用马克思主义历史观，辩证地、全面地看待一个复杂的历史人物，这在习惯性地把历史人物"脸谱化"的当时来说，是非常难能可贵的。

在涉及少数民族和民族关系的问题时，金灿然极其严谨、慎重。"中国历史小丛书"之《李鸿章》一书中，涉及少数民族的反清斗争，金灿然在审稿时指出：

> 1864 年新疆回民、维民的反清斗争，和后来清朝政府在新疆同英俄侵略者所进行的斗争，情况是很复杂的。关于这一段历史，郭著《中国史稿》第四册九十页、九十二页有扼要的叙述。这一段叙述曾经过仔细斟酌，请看一下。我们的书中涉及这段史实，应以此书为尺度。小丛书《李鸿章》称新疆地方势力反清为"起义"，为"反抗清朝政府的压迫和剥削"，是不恰当的。

金灿然用了不到 200 字，首先肯定了清朝政府在新疆同侵略者的斗争的复杂性，并指出这段历史郭沫若在《中国史稿》中已有比较准确、扼要的叙述，进而指出《李鸿章》一书中两句相关表述存在不恰当的地方，为《李鸿章》一书的出版严格把关。

在审查《李鸿章》一书时，金灿然还发现了一些其他问题，他指

---

① 见中华书局档案。
② 见中华书局档案。

出，第一章《靠镇压革命起家》的第五、六页，对李秀成这个历史人物的评价需要再做斟酌；在第四章《丧权辱国的投降外交》中，中法战争一节完全不提越南人民的力量；在第五章《甲午战争中的卖国罪行》中，中朝战争一节完全不提朝鲜人民的力量，不合适。金灿然认为后两个问题，在郭沫若撰著的《中国史稿》中同样已有相关材料和评价，应该阅读、学习，应将其观点运用到《李鸿章》一书中去。金灿然还认为，后两个问题如何处理，应该查阅相关越南、朝鲜同志所写文章。金灿然这种严谨、审慎的态度，为此后中华书局的编辑工作树立了良好典范，并一直为中华书局的编辑们所传承。

1958 年，中华书局出版了《国史旧闻》第一分册，作者陈登原倡导先博后专，能成通才始能成专家，这部书的编排正体现了他的这一理念，而这一理念与金灿然的出版理念正相契合。《国史旧闻》是陈登原将积累多年的读书笔记按照时代顺序、分成若干个专题进行编排而成，在许多条目下都加有按语进行评说。整部书资料丰富、涉及面广，是一部具有通史性质的资料摘编，为文史爱好者和研究人员提供了丰富的史料出处线索，方便读者了解我国的历史文化知识。《国史旧闻》第一分册出版后，受到读者的好评，但是也有人对其提出批评，认为这部书不是一部单纯的资料书，它的政治观点和历史观点不正确。金灿然没有认同这种批评，而是明确亮出自己的观点："(《国史旧闻》) 是一部资料书，可以查到许多问题的资料，比乱翻新书要好些"，"它的用处也就在杂"①，强调这是一部对读者有用的书。金灿然顶住压力，以自己的学术素养做出正确的判断，坚持《国史旧闻》

---

① 见中华书局档案。

第二分册的编辑出版工作。最终，第二分册于1962年出版，为读者提供了一部资料性、史料性较强的专著。比较遗憾的是第三分册直到1980年才由中华书局出版，与前两册的出版相隔了近20年的时间。但让人欣慰的是，中华书局于2000年将《国史旧闻》所有分册整套结集出版，可以说完成了陈登原和金灿然的心愿。

1960年，人民文学出版社出版了马茂元选注的《唐诗选》，受到广大读者的好评。但书中的注释被指存在一些问题，有人反对《唐诗选》公开发行，为此，人民文学出版社就其中若干被指认的问题请金灿然帮助审查并给出意见。金灿然看了《唐诗选》后，对这本书给予了较高评价，认为"这部诗选在选材和注释上都下了一番功夫，是一部有用的书，值得一读"[1]。对人民文学出版社提出的问题，金灿然给出了书面答复，他认为：

> 1.关于"金微"的注释（上册页48）：金微在汉代属匈奴，元以后长期在中国境内，现属蒙古人民共和国。这都是历史事实，注文不会引起什么边界问题。
>
> 2.有关民族问题的注释（上册页126、129、130、135、146、147、176、177，下册页180、186、195、200、207、485等处），有的地方把中国与少数民族对称，有的地方称少数民族为胡、戎，或者用了"征""伐"等字眼。这些大部分都不太好，如能在有些地方把中国改为"中原"或汉朝、唐朝，把能不用胡、戎等称谓的地方改一下，当然要好一些。但有些地方也很难

---

① 见中华书局档案。

改，因为历史上确实是把中国与少数民族对称的，胡、戎等字眼也确实不能完全避免。而且通观全书，编选者并不是有意宣传大汉族主义，大都是在不自觉间固态了传统的说法。在下册页九［？］四中，编选者表明了他的态度。我想，这些地方不会引起民族纠纷。

3.关于农民起义的注释（下册页484）：通观全书，编选者并没有什么污蔑农民起义之意，而且在前言页55至57中对这个问题表示了明显的态度。至于个别用语不恰当，我想问题并不大。

4.关于战争与和平的注释（上册页1、38、147，下册页211等处）：在个别地方，编选者确实流露了一点盲目反战的情绪，但究竟所论乃古代之事，不会有多大坏影响。在前言页17至19中，关于边塞诗的论述中，也并没有多大毛病。①

金灿然对我国在漫长历史发展中积淀下来的璀璨文化，保有着浓厚的兴趣，对古代文化知识进行了系统的学习、思考、钻研，深切地触摸历史的脉搏，从而逐步积淀为深厚的学术素养，如果不是这样，金灿然是给不出如此专业的意见的。金灿然最后认为，《唐诗选》是可以公开发行的，并建议人民文学出版社组织人撰写书评，对他在审查意见当中提到的问题展开论述和讨论。从某种程度上说，人民文学出版社编辑出版的《唐诗选》，能够脍炙人口、受到广大读者的热烈欢迎，一再重印发行，与金灿然给出的审查意见不无关系。

---

① 见中华书局档案（60）编字第1810号。

对待不是特别拿得准的图书或者选题，金灿然采取的是一种审慎的态度。《帝王世纪辑存》这部书稿就是如此。《帝王世纪》是晋代皇甫谧撰著的史书，所记上起三皇，下迄汉魏，在唐宋以前，很受重视，可惜到了宋代就亡佚了。元明以来，很多学者做过此书的辑录工作，但都不够详备。中央民族学院（现中央民族大学）教师徐宗元参考前人成果，加上自己的搜集补正，辑成《帝王世纪辑存》一书，交给中华书局出版。这部书因为涉及历代帝王的评价等问题，在当时容易引起争论，金灿然担心以自己的学识无法作出正确的判断，便向中华书局其他专家请教："《帝王世纪辑存》一书，史料价值和学术价值如何，有什么用处，便中请见告。"得到更多的学术信息后，金灿然才对此书的编辑出版工作感到放心，最终这部书于1964年正式出版。正所谓"君子性非异也，善假于物也"。

深厚的专业素养，是金灿然成为一名专家型出版人才的基础，也是他能够在出版领域有着较高的专业技能的同时，在古籍整理学术领域能够与其他专家平等交流的关键。也正因如此，金灿然才能获得"出版家"的称号。

四、不断总结出版经验

在处理繁忙的出版业务的同时，金灿然对出版工作的具体情况及解决方案，有意识地进行思考、归纳、分析与总结，逐步使其系统化、理论化，总结出一套行之有效的古籍图书整理、出版的经验与方法，并将其在中华书局内部进行推广。

　　首先，金灿然考虑最多的是读者。读者是中华书局出版的古籍图书、学术图书的阅读者和消费者，了解他们的需求，是出版单位的职责所在。因此，金灿然在不同场合与齐燕铭等领导交流过这个问题，与中华书局的员工也探讨过这个问题：中华书局的读者对象是哪些人、以哪些人为主？这部分读者对中华书局出版的图书有什么意见和建议？如何满足读者对古籍图书出版的要求？

　　在探讨这些问题的过程中，金灿然与中华书局的其他领导及员工，逐步明确了自己的读者群——有一定古籍图书阅读需求和阅读能力的学生、高校教师、研究所研究人员，社会上对中国传统文化感兴趣社会群体，以及相关专家、学者。同时，金灿然安排中华书局的相关员工，有计划有重点地调查、了解这些读者对古籍图书出版的意见和要求，因为只有真正地了解读者，才能更好地编辑出版满足他们需求的图书。古籍图书出版的数量不断增加，读者群也会随之相应扩大，读者群的扩大，反过来又会进一步推动出版社相关古籍图书的整理出版，二者之间相辅相成，相互促进，共同发展，相得益彰。

　　其次，金灿然考虑的是如何正确对待我国传统文化的问题。如何批判地继承中国传统文化？批判地继承传统文化的工作中，中华书局应该担负起怎样的责任？具体落实这个责任，有哪些任务需要完成？完成这些任务的过程中，有哪些需要注意的环节？在这一系列工作中，过去哪些做得好，经验可以总结？有哪些不足，可以作为教训来吸取？

　　毛泽东提出要用马克思主义的立场方法对中国传统文化加以批判地继承，取其精华、去其糟粕，古为今用、推陈出新。他说："中国古典著作多得很，现在是分门别类地在整理，用现代科学观点逐步整理出来，重新出版。"①"批判地继承"成为对待中国传统文化的基本原则。中华书局在这一原则指导下，对我国传统文化典籍进行整理，区分哪些是传统文化的精华，哪些是传统文化的糟粕，出版那些可为今天所用的优秀传统文化资源。金灿然提出，中华书局要在若干年内，有计划、有步骤地把重要古籍重新整理一遍，让我国古籍图书出版工作展现出一个新的面貌。

在明确读者群和古籍整理的原则后，金灿然认为，对于整理哪些古籍、出版哪些古籍、按照什么标准出版古籍的问题，要一直不断地思考，不断地听取意见和建议。如古诗文选注及古典小说，已经标点整理出版了一批，其中的经验和教训有哪些，如何进一步明确这类读物的读者群，是干部、学者还是劳动人民？如历史笔记、档案、类书等古籍类图书，专家学者的需求有哪些，急需出版的是哪些，是简单重印还是需要节选、改编？如"中国历史小丛书"、"知识丛书"（关于我国古代文史部分）、"古典文学基本知识丛书"等系列丛书，在选题策划方面应该如何把握，在编写方面应该如何统一体例、突出主题？等等。

在人才培养方面，金灿然有着长远的考虑和打算。以 1959 年北京大学古典文献专业开始招生为标志，中华书局与北京大学联合培养古籍整理出版人才一事得到落实和推进。但这个专业如何继续更好地办下去，开设哪些有针对性的专业课程，物色哪些有专业特长的师资，要加强学生哪些方面的专业训练，才能保证他们毕业后可以直接输送到中华书局从事古籍图书的出版工作？这些问题都是金灿然一直

---

① 毛泽东：《应当充分地批判地利用文化遗产》，载《毛泽东文集》第八卷，人民出版社 1999 年版，第 225 页。

在思考的，他甚至考虑到古典文献专业的学生每年至少要保证有 10 至 15 人分配到中华书局，参加古籍图书的编辑出版工作。

此外，对中华书局当时已有的编辑力量，金灿然采取了一系列办法，如各种实践、业务学习、讲座、以老带新、加强练笔等，有效地提高了编辑的业务水平。

如何加强中华书局与作者群体的联系，也在金灿然的考虑范围之内。金灿然认为，出版社的编辑在组稿、审稿、改稿等工作之外，还应该有自己撰著图书的能力。金灿然所说的编辑能够撰著图书，包括编辑亲自动手写稿、编纂、译稿、校点注释古书等。编辑自己从事撰著图书的工作，可以说在出版社内部历来并不提倡，也无人重视，甚至常常被认为是不务正业、耽误编辑主业的行为。但金灿然认为，以"中华书局编辑部"的名义，或者以责编个人的名义，从事撰著、译校工作，有着得天独厚的条件，可以自己策划选题，按照统一体例进行撰著，很大程度上能够保证书稿质量。在金灿然的大力提倡和鼓励下，中华书局的编辑陆续参与到"中国历史小丛书"等的撰著工作中。

在对出版实务工作加以总结之外，金灿然对我国出版管理工作也有着很深入的思考。他在一次内部会议上的发言稿——《改进出版工作的几点意见》[①]中，比较充分地阐述了他对于出版管理工作的看法。

出版管理工作，主要指的是上级主管单位对图书出版的管理，这个问题在当时我国文化部出版局内部有争论，在当时社会主义国家中也有争论，金灿然认为这是个国际性的问题，要直视，更要重视。他认为，出版工作的指导思想很重要，是对图书出版方向、重要出书计

---

① 　见中华书局档案。

划、重点图书出版等进行把关所依据的原则。因此，管理工作需要做到分门别类、分期分批进行布置、安排和监督。金灿然认为，为做好管理工作，可以成立专门小组，由出版局、出版社和有关学术文化部门的骨干组成，每组人数不必过多；专门小组可按照图书的类别分为政治类、文艺剧作类、古籍整理类等，每一个专门小组分别对出版局负责，协助出版局管理某一个方面的书籍。如此，一方面减轻出版管理局的压力，一方面可以将管理工作做得更加细致到位。

　　金灿然的一些出版理念，在当时很超前，可能一度并不为其他人所接受，但这些观点经受住了实践和时间的考验，时至今日还在出版工作中得到应用。这不能说是金灿然独到的、个人的功劳，但至少可以说，他为我国出版理论的丰富与发展，作出了贡献。

第十章

广交朋友

金灿然性格耿直，心地善良，对待朋友一片赤心。他在出版界和学术界结交了许多志同道合的好友，在与这些朋友的交往中互相学习、互相支持、互相帮助，促进了事业发展。现选择几例记述于下。

一、齐燕铭：亦师亦友

齐燕铭，曾用名齐振勋、齐震、田在东，笔名齐鲁、叶之余等，1900年出生。新中国成立后，历任中央人民政府办公厅主任、政务院副秘书长、中共中央统战部副部长、周恩来总理办公室主任、国务院专家局局长、文化部党组书记、副部长等职，古籍整理出版规划小组第一任组长。

金灿然与齐燕铭可谓一生的挚友，他们的友谊开始于延安时期。金灿然从北京大学历史系肄业，辗转奔赴延安，齐燕铭毕业于中国大学后在几所大学任教，参加革命活动，随后到延安。因为二人都接受过良好的高等教育，史学基础坚实，在延安马列学院历史研究室、中共中央研究院历史研究室担任副研究员、研究员，他们在研究室主任范文澜的领导、组织下，与其他同志一起为革命干部共同编写了教材《中国通史简编》、《中级国文读本》等。当时金灿然不到 30 岁，齐燕铭比金灿然年长几岁，也刚刚 30 出头。他们在工作中互相支持，互相勉励，互相学习，亦师亦友。在极其艰苦的条件下，二人在革命道路上并肩奋斗，为他们的友谊打下了坚实的基础。

新中国成立后，齐燕铭担任中央人民政府办公厅主任、周总理办公室主任，做了大量基础性工作；金灿然则供职于出版管理部门。齐燕铭 1957 年调任文化部，二人的合作从此密不可分。

1958 年，齐燕铭担任古籍整理出版规划小组组长、金灿然担任古籍整理出版规划小组办公室主任后，二人的联系更加频繁。在工作上和组织上，齐燕铭与金灿然是领导与被领导的上下级关系，但他们之间，除了工作上互相信任、互相支持外，还是无话不谈的朋友。金灿然工作态度十分谨慎，对制订古籍整理出版规划、编辑出版中遇到的重要问题都及时向齐燕铭请示，而齐燕铭对金灿然的工作也十分支持，来函必复，有问必答，给予指导和帮助。在生活上，二人也互相关心。

《古籍整理出版情况简报》创办初期，金灿然即请齐燕铭为刊物拟定名称，并且撰写了刊名，这个刊名至今仍在使用。齐燕铭非常关心这份规模不大的内部刊物，《古籍简报》刊登的重要稿件，金灿然都会交给齐燕铭审阅。

1959 年，中华书局拟出版"清代史料笔记丛刊"之一种《永宪录》，《永宪录》一书记录了康熙六十一年（1722）至雍正六年（1728）这七年间发生的几件重大历史事件，所载史料丰富，价值较高。出版前，金灿然审读书稿时发现若干关于台湾归属的史实记录，提到台湾"归明后，地为红彝所据"、"顺治十八年围台，败荷兰"、"康熙癸亥入我版图"等。因为涉及台湾归属时代的重大问题，金灿然向齐燕铭请示处理办法。齐燕铭对台湾归属问题征引各种历史文献加以梳理后，批示道："原文付印，不必改字，无碍于事。"[1] 齐燕铭在回信写道：

　　台湾沿革，俞正燮《癸巳存稿》卷五《台湾事辑》言之最详。大约其地本荒岛，除土人外陆续去者均为中国贫民，即《明史》所谓往往聚而为盗者也。黄宗羲《行朝录》称，招饥民开垦始于郑芝龙，其后又为荷兰人侵据。顾祖禹《读史方舆纪要》又称，红彝于天启二年请求互市，总兵俞咨皋移之北港（即鸡笼山），则荷兰之居澎湖似曾邀得中国同意者。由此言之，其地属于我国可知。已往姑不具论，清代已将台湾列入版图。凡各种记载所言先后不同，排比而观，本无抵牾。……《明史》称何楷陈靖海之策，此策《明史》楷传不载，可觅《明文在》一检。[2]

中华书局总编辑李侃在《齐燕铭与中华书局》一文中谈到此事时

① 　傅璇琮：《齐燕铭与古籍整理纪略》，《出版史料》2006 年第 3 期。
② 　傅璇琮：《齐燕铭与古籍整理纪略》，《出版史料》2006 年第 3 期。

写道："此信有理有据，简直是一篇精炼扼要的审稿意见。于此也可见齐燕铭学识之渊博，态度之认真和思想之敏锐，意见之明确。"①

20 世纪 50 年代末至 60 年代初，史学大家陈寅恪的史学研究被批判充斥着"唯心主义观点和形而上学方法"，但学术大师的光芒是掩盖不住、抹杀不了的。当时汤一介、杨荣国等人先后在不同场合向中华书局及金灿然提出建议，把陈寅恪散见于报刊上的论文结集出版。金灿然非常重视此事，但在当时的大环境下，出版陈寅恪论文集一事必须慎重。1960 年 8 月 22 日，金灿然专门致函齐燕铭请示此事：

燕铭同志：

　　杨荣国同志这次在京时曾谈到关于陈寅恪的两件事情，兹写上供您参考。

　　（一）杨建议我们考虑印陈寅恪的文集（包括解放前后的论文）。杨说陈先生在被批判以后，表示不再教课。如印他的文集，一要不改，二要印快，三要稿酬高。

　　（二）陈研究《再生缘》后写成一部稿子，以书中主角自况。这部稿子曾经在广东油印，印数少，售价定得很高。后来香港有人把这部稿子拿去出版，书前加了一篇序，说像这样的书稿，在大陆上是不能出版的，等等。陈知道此事后心情很沉重。

　　陈的这部书我们已向香港方面去要了，要来后再给您送去。

敬礼

　　　　　　　　　　　　　　　　　　　　　金灿然 22／8

_____

① 李侃：《齐燕铭与中华书局》，载中华书局编辑部编：《回忆中华书局》下编，中华书局 1987 年版，第 7 页。

同一天，齐燕铭在金灿然信上批示："陈文集要否印，应请广东省委文教部门考虑。"在"一要不改，二要印快，三要稿酬高"这句话下面，齐燕铭画线后批示："看内容再说。"

1961 年 1 月 6 日金灿然再次向齐燕铭请示：

燕铭同志：

　　关于出版陈寅恪论文集一事，我曾口头请示过周扬同志，他表示可以；也曾问过郭老，郭老赞成。最近接杨荣国同志信，附上。为慎重起见，我们就手边的材料查了一下陈到底发表过那些文章，草目（不全）附上。请考虑可否正式向陈约稿。从争鸣上讲，似可以约，但据说他的稿子是不能动的，约了可能有些麻烦。

　　陈关于隋唐史的两本专著和一本《元白诗笺证稿》，解放后均已出版。目录中关于元白诗的文章，均已收入后一本书中。

敬礼

金灿然 6 / 1

1961 年 7 月 9 日金灿然将《牧斋遗事》和吴晗的旧作《社会贤达钱牧斋》送呈齐燕铭，并附信写道：

燕铭同志：

　　送上《牧斋遗事》、《社会贤达钱牧斋》两文，请阅退。从前一文中，可以大体看出钱柳姻缘的情况；从后一文中，可以大体看出钱牧斋的为人。又，陈寅恪近况另纸抄奉。

　　我估计，陈写钱柳姻缘可能有所寄托，发些牢骚。

敬礼

　　　　　　　　　　　　　　　　金灿然七月九日

7月15日齐燕铭阅退金灿然，原函至今保存在中华书局。

齐燕铭于 1962 年 3 月 29 日在金灿然信后作出了如下批示：

　　可由"中华"提出向陈约稿，只告他文中如有涉及兄弟国家和东南亚国家的（因中国古代史常有把这些国家作为藩属和文中带有污辱话的情形，今天发表容易引起对方不快），请其慎重注意，以免引起不必要的麻烦。此外问题随其任何论点均不必干涉。（对少数民族似关系不大，因国内问题总好讲清楚也，当然也要看讲话的分寸）。又约稿可否通过杨荣国与之面谈，比写信好。

　　　　　　　　　　　　　　　　　　　齐 29 / 3[①]

　　虽然陈寅恪的著述最终并没有在中华书局总公司出版，而是交由中华书局上海编辑所印行，但从金灿然与齐燕铭几年间往来的多封信件可以看出，二人对待陈寅恪这样的知识分子的态度是一致的，没有因为陈寅恪受到"批判"而拒之千里，反而顶住各方压力积极与陈寅恪接洽，并对其始终抱有尊敬的态度。

　　金灿然在主政中华书局的几年时间里，能够提出"人弃我取，乘

---

　　① 　以上四封信件引自徐俊：《一个未能实现的出版计划——1960 年代中华书局与陈寅恪先生的交往》，《书品》2010 年第 6 期。

时进用"的用人方针，也得益于齐燕铭的鼎力支持。在使用人才、培养人才方面，二人的观点可以说完全一致。他们对古籍整理出版事业有着发自肺腑的热爱，对这项工作的意义与价值有着充分的认识，才能在用人方针上达到高度一致。1957 年"反右运动"中，被错划的"右派分子"中有许多知识分子有着深厚国学功底、熟悉古籍整理出版工作。金灿然冒着风险，顶着压力，向齐燕铭建议启用他们。齐燕铭非常了解金灿然在用人问题上完全是从工作需要出发，不存在私情，因此给予金灿然最有力的支持，使得金灿然从 1958 年下半年开始，先后为中华书局调进几批被错划为"右派分子"或被错定为"内控对象"的专家学者，还聘用了一些失去公职的临时工参加古籍整理出版工作。

除了上面简述的几件典型事例，金灿然与齐燕铭在制订规划、执行规划，日常重要业务问题，改善中华书局工作条件等各方面，都有非常充分的沟通。目前中华书局所存档案材料，虽经历"文革"已残缺不全，但还是能看到大量金灿然起草、齐燕铭批示的工作报告和往来信件，这充分见证了二人之间密切的关系。

1966 年，已被调到济南市担任副市长的齐燕铭，从济南回到北京参加文化部举办的"干部集训班"。这个集训班就是把各单位的领导干部、业务骨干集中起来，进行审查、反省和批判，可以想见齐燕铭当时的处境并不乐观。但在集训班上，齐燕铭看到中华书局的副总编辑李侃时，还是冒着风险专门询问了金灿然的身体情况。此时金灿然因脑部疾病发作刚刚做了第二次手术，情况不是很好，语言、思维、行动都受到了影响。1978 年，齐燕铭恢复了正常工作，他在一次会议上再次碰到李侃，此时金灿然已经去世多年，齐燕铭还专门询问了金灿然儿子的情况。

二、吴晗：革命友谊

吴晗，原名吴春晗，字伯辰，笔名语轩、酉生等，1909 年出生。我国著名历史学家、社会活动家、现代明史研究的开拓者和奠基者之一。曾任北京市副市长、中国科学院历史研究所学术委员、中国科学院哲学社会科学部学部委员、北京市政协副主席等职。

"文化大革命"时，曾有人站出来批判文化界，特别是史学界出现了"裴多菲俱乐部式的反动聚餐会"，所谓"裴多菲俱乐部"成员主要为文化界、史学界一批著名的党员学者，有翦伯赞、吴晗、金灿然、吕振羽、黎澍、邓拓、尹达、侯外庐、郭沫若等，他们自发地每隔一两个月聚会一次，在轻松的氛围中，交流探讨史学界、文化界的信息。金灿然与参加聚会的专家都成了好友。①

吴晗是政府官员，同时还是我国第一届古籍整理出版规划小组成员，为我国古籍整理出版事业做了大量工作。共同的事业和志趣、共同的理想和信念，使金灿然与吴晗建立起了深厚的、肝胆相照的革命友谊。

1958 年，吴晗在北京市中学历史教师大会上建议，为青少年编写一套历史小丛书作为课外通俗读物，目的在于向社会大众传播历史知识，并以此进行爱国主义和历史唯物主义教育。之后，吴晗邀请古

---

① 张传玺：《一代史学家与出版家的革命情谊——记翦伯赞与金灿然的交往》，载中华书局编辑部编：《回忆中华书局》，中华书局 1987 年版，第 214 页。

籍整理出版规划小组办公室主任、中华书局总经理兼总编辑金灿然、近代史编辑组副组长李侃、北京教师进修学院院长陈哲文、北京市教育局副局长胡朝芝等人到他的办公室，一起商讨编写出版的相关事宜。会上确定由吴晗担任主编，尹达、白寿彝、任继愈、何兹全、汪篯、周一良、金灿然、邵循正、季镇淮、侯仁之、翁独健、戴逸等专家组成编委会，中华书局承担印刷出版。当时指定北京教师进修学院历史教研室的同志担任助编工作，后来随着这套读物编写工作的展开，很多知名历史学家参与其中，开创了大家写小书的先河，如侯仁之编写《徐霞客》、周一良编写《明代援朝抗倭战争》、任继愈编写《韩非》、贾兰坡编写《中国猿人》等。吴晗提倡小丛书编委写稿，他身体力行，带头写了《海瑞的故事》。

当时，吴晗与其他专家一起，确定了"中国历史小丛书"编写重点为从先秦到 1919 年期间的政治、经济、军事、文化等各方面的重要事件和人物；内容上要具有故事性和人物的形象性，要引人入胜；文字方面要尽量口语化，做到通俗易懂，不用或少用生僻字词，力求做到可讲可读；每种图书字数在 1.5 万字左右，最多不超过 2 万字，每册都附有插图，丛书计划出版 200—300 种。吴晗对小丛书的定位，正符合金灿然的口味。吴晗对历史小丛书的编辑出版工作抓得很紧，他在繁忙工作中仍然抽出时间，召开小丛书编委会会议，还经常找金灿然等人一起研究相关问题。

经过一年多的努力，1959 年"中国历史小丛书"开始出版：《秦始皇》、《曹操》、《李冰和都江堰》、《司马迁》、《康有为》、《文天祥》、《戚继光》、《洪秀全》、《李自成》、《于谦》、《李时珍》、《郑成功》、《林则徐》、《史可法》、《文成公主》、《苏武》、《秋瑾》、《韦拔群》、《张煌言》、《黄巢起义》、《海瑞的故事》等相继与读者见面。到 1962 年 10 月，"中国历史小丛书"出版了整整 100 种，中华书局专门在人民大会堂召开了丛书编委扩大会议暨庆祝大会，吴晗专程参加大会，并在会上讲了话，当时《人民日报》、《光明日报》等媒体都作了系列报道。

李侃后来在文章中这样评价"中国历史小丛书"："恐怕任何一部通史，也比不上这套丛书的内容丰富多彩和详尽具体。……不论读哪一部中国通史，也不会看到专辟一章，来写五谷的历史，写漕运的历史，写邮电的历史，写钢铁的历史，写印染的历史，写京剧的历史……"[①] 的确，"中国历史小丛书"是我国第一套大型普及性历史知识读物，有很高的历史文化价值，在向普通读者普及历史知识方面，更是起到了不可低估的作用。吴晗和金灿然为这套小丛书的编纂出版倾注了大量心血，他们的友谊也在共同的事业中得到不断的升华。

中华书局在古籍整理出版规划小组成立后，一直是小组的办事机构。吴晗在担任古籍小组成员期间，与中华书局的交往更加密切。吴晗先后在中华书局出版了《海瑞的故事》、《二七运动》、《明史简述》、《朝鲜李朝实录中的中国史料》等，每本书的出版吴晗都亲自过问，并与金灿然具体商量相关出版事宜。《朝鲜李朝实录中的中国史料》一书的出版，波折较多。20 世纪 30 年代，吴晗即开始全面钩稽、抄录《李朝实录》中有关中国历史的史料，到 1961 年，《朝鲜李朝实录中的中国史料》的整理工作基本完成。几经周折，到 1966 年年初，

---

① 李侃：《芳古集》，广西人民出版社 1999 年版，第 215 页。

交由中华书局开始排版，准备印刷，但最终还是由于"文化大革命"爆发、吴晗因《海瑞罢官》受到批判等原因，《朝鲜李朝实录中的中国史料》的出版被搁置下来。直到 1980 年，这本饱含着吴晗心血的《朝鲜李朝实录中的中国史料》才终于由中华书局印刷出版，与读者见面，这部书为学术界研究元末明清时期中朝关系史，提供了珍贵的参考资料。

1961 年 4 月，研究农民战争的专家学者感到史料缺乏，为此，中华书局古代史编辑组准备编辑出版一套有关中国农民起义史料的丛书，但在编选原则和编辑体例等方面有很多难于把握、不够明确的地方，金灿然及有关人员就这些问题专门向吴晗请教，听取吴晗的意见和建议。吴晗在明史研究方面卓有建树，对农民战争史料的编写非常重视，他非常支持金灿然编选这样一套丛书，很快提出了几点意见。吴晗首先对"农民战争"这一概念给予科学的界定——"有比较多数的农民参加和政府对抗作战的战争，有的有纲领，有的没有，有的有宗教关系，有的没有……和一般的盗贼抢掠，军队哗变，军阀内战等等，应有严格的区别"[①]。他认为，对所有有关农民战争的材料应该有见必录，按史书类别如正史、野史、文集、地志、小说等，分别采录。同时，反映农民战争起因和后果的材料必须选录，否则便看不出战争的前因后果，对研究者作用不大。吴晗还指出，不同史书记载同一件史实，但所记载内容有分歧的，编写者应当加写按语。对那些今人不是很熟悉的专有名词最好加注释，如古地名、官制、赋税名词、俗语等。吴晗还指出，反面材料也需要尊重史实作必要的采录，如果

---

① 《吴晗谈〈中国农民战争史料〉的编选原则和编写体例》，《古籍整理出版情况简报》1961 年第 4 期。

因为史料反动就不采录，那么这部中国农民战争史料丛书便无法编成了。那些单纯歌颂刽子手的史料是不必全录的，但夹杂其中揭露的某些事实，应当酌情吸收。金灿然对吴晗的观点持赞同态度，因此，中华书局古代史编辑组开始推动此项工作的开展，先后编写了《秦汉农民战争史料汇编》、《魏晋南北朝农民战争史料汇编》、《隋末农民战争史料汇编》、《唐五代农民战争史料汇编》、《两宋农民战争史料汇编》、《元代农民战争史料汇编》等，但这套丛书直到 70 年代才陆续出版。

三、叶圣陶：君子之交

叶圣陶，原名叶绍钧，字秉臣、圣陶，1894 年出生。我国著名作家、教育家、出版家和社会活动家。曾任出版总署副署长、教育部副部长、人民教育出版社社长和总编、中华全国文学艺术界联合委员会委员、中国作家协会顾问、中央文史研究馆馆长等职。

金灿然和叶圣陶相识于北平解放前夕，二人都供职于刚刚成立的华北教科书编审委员会，新中国成立伊始为编辑出版教材做准备，叶圣陶担任委员会主任，他们的工作地点就在北京东城区东四附近。此后，金灿然和叶圣陶成为多年的好朋友，还一起共事于出版总署、教育出版社，金灿然到中华书局担任总经理、总编辑后，二人在古籍整理出版工作方面还有多次合作。

二人在 1949 年以前就有共同的经历，所以他们不仅在工作上很有默契，而且在待人接物方面也有着非常接近的理念。有一件趣事便能反映出这一点。1949 年 6 月 5 日柳亚子偕夫人到华北教科书编审委员会，警卫员拦住他们要求登记，言语、态度比较生硬，被惹恼了的柳亚子不顾阻拦强行走进一间办公室，拿起书桌上的墨水瓶便抛向紧追其后的警卫员，结果墨水溅了自己太太一身。在其他办公室忙着的金灿然和傅彬然赶过来，询问、安慰柳亚子并向他道歉，同时批评了警卫员。宋云彬当天日记记载："柳老余怒未息，柳太太满身蓝墨水，金灿然正向柳老道歉。柳老立片刻即辞去，余送之登车。"①当天晚上，金灿然和宋云彬又前去向柳亚子道歉，柳夫人说"今日警卫员确有不是，因彼曾持所佩木壳枪作恐吓状也"。宋云彬回来后与叶圣陶说起这个事，叶圣陶以为"我们不需要武装警卫，今后须将警卫员之武装解除，灿然同意"②。由此可见，在平易近人、不搞特殊方面，叶圣陶和金灿然的态度是一致的。

1950 年，中国作家协会在出版"人民文艺丛书"取得良好反响之后，又筹划编辑一套"新文学选集"，拟交由开明书店出版。选集由茅盾担任主编，收入郭沫若、叶圣陶等 24 位著名作家的作品。叶圣陶是文学研究会的创始人之一，但他本人觉得自己的作品已经编辑出版过多次，所以对此次编选并不是特别积极。叶圣陶了解金灿然的学识和能力，知其在延安时期便已开始从事图书的编辑工作，很有经验，便把《叶圣陶选集》的编选工作交给了他。金灿然接到这个任务后，首先把叶圣陶的文学作品列出详尽的目录，然后按照短篇小说、童话两类分别进行选取，《过去随谈》、《随便谈谈我的写小说》则作为附录收入选集。初步确定了《叶圣陶选集》的目录后，金灿然交给叶圣陶过目，叶圣陶对金灿然的编选思路很满意，他说，与之前自己

---

① 《宋云彬日记》，中华书局 2016 年版，第 179 页。
② 《宋云彬日记》，中华书局 2016 年版，第 179 页。

的诸多选集相比，金灿然这次对作品取舍的角度有很大不同。随后，《叶圣陶选集》就按照金灿然的选目交给了"新文学选集"编辑委员会，1951年由开明书店出版，全书423页，整部选集共收取叶圣陶的文学作品39篇。金灿然在《叶圣陶选集》出版时并不署名，可以说是义务为叶圣陶编选篇目。叶圣陶在这本选集的自序中这样写道："幸而得到可敬的朋友金灿然先生的允诺，他代我炒（炒冷饭，叶圣陶谦辞）。……现在的目录完全依据他的记载，一篇不加，一篇不减。跟以前出过的几本选集比较，取舍很有些出入。他是……把我的东西当资料看的。除了感谢他的劳力以外，我总之感觉惭愧——冷饭又炒了一回。"称金灿然为"可敬的朋友"，这是对金灿然人品的高度评价。

在金灿然担任古籍整理出版规划小组办公室主任期间，叶圣陶与金灿然同为古籍小组成员。叶圣陶对古籍小组的工作十分支持，从规划的制订、人才的培养到古籍图书的出版，参与了古籍整理出版规划小组方方面面的工作，包括参加古籍整理出版规划小组文学分组会议、古籍整理出版规划小组大会、讨论四年出版规划，参与修改古籍整理出版规划小组的《四年出版规划》稿、古籍整理出版规划小组《三年至八年（1960—1967）整理和出版古籍的重点规划（草案）》等，还与齐燕铭、金灿然共商修订《辞源》的工作，与金灿然、吴晗、翦伯赞、魏建功等一同讨论北京大学古典文献专业的课程与授课人选等诸问题。对中华书局的出版工作，叶圣陶十分关心，他曾致信金灿然，建议中华书局编撰《历代官制词典》，为中华书局修改《〈文字蒙求〉影印说明》稿、修改《新唐书·魏征传》的译稿等。叶圣陶还出席了中华书局出版、吴晗主编的"中国历史小丛书"编委会扩大会议暨庆祝大会，中华书局成立50周年纪念会等，十分支持金灿然的工作。

1959 年至 1960 年，中华书局准备重印朱自清的《经典常谈》，金灿然对朱自清这部以通俗的笔法介绍古代经典文献的著作非常欣赏，重印时专门请朱自清的好友、自己的老领导叶圣陶作序。叶圣陶为此事给金灿然写的一封信，目前作为档案保管在中华书局：

> 作序之事，非我所宜。您应了解我，古籍云云，我之知识并不超于高中学生。人皆以为我知道什么，我实连常识也谈不上。此一点恐不能叫人相信，以为我谦虚。您与我相识十年，且非泛泛之交，当知我言非虚也。苟我稍有真知灼见，则佩弦为我之好友，于其遗著，有不肯欣然作序乎？

叶圣陶在信中专门提及与金灿然的友谊长达十年，二人并非"泛泛之交"，但却惺惺相惜。1963 年金灿然突发疾病，视力模糊，在北京医院检查后被确诊为脑瘤。叶圣陶对此十分关心，经常询问金灿然的健康情况，曾专门写信给金灿然："10 月中旬离京赴闽参观之时，闻之足下入北京医院，即将动手术。自此时时悬念，不识尊体健康如何。上月中旬回来，获知并未动手术，且已出院回寓。想必医生断定，不须动手术，有他法可以治疗。因此略为心慰，能免于剖脑，究是佳事。今特作书问候，聊表区区之意。如有方便，托人书一短简惠复，告以近况，实为私盼。"[①] 实际上金灿然的脑部手术还是做了，当时手术效果还比较好，记忆力也没有受到很大影响，休养了一段时间

---

① 怀远：《叶圣陶与金灿然的友谊》，《出版史料》2001 年第 1 期。

基本就恢复了正常的工作。

1965 年，金灿然脑病复发，且愈来愈重，1972 年 12 月 12 日不幸去世。金灿然去世后，78 岁高龄的叶圣陶专程前往医院，向金灿然遗体告别，参加金灿然追悼会。

四、吕振羽：志同道合

吕振羽原名吕典爱，字行仁，1900 年出生。曾任大连大学校长兼党委书记，东北人民政府文化教育委员会副主任兼东北人民大学校长、党委书记，中国科学院哲学社会科学部委员等。

吕振羽到延安后，1942 年担任刘少奇的政治和学习秘书，和金灿然都是延安时期涌现出的马克思主义史学家，二人之间的友谊可谓志同道合。吕振羽后来与郭沫若、范文澜、翦伯赞、侯外庐一起，被称为马克思主义新史学五名家。吕振羽和金灿然，以及前文写到的齐燕铭、吴晗，同为"聚餐会"——后来被诬为"裴多菲俱乐部"的成员，在这一时期，他与金灿然因为共同的信仰、理念，成就了一段珍贵的友谊。这一批中共党员史学家，一两个月聚会一次，就史学界、文化界的思想状况、研究状况及一些历史问题等，进行深入交流探讨，甚至时有争论。交流之后，各位专家、学者借此机会便聚餐一次，餐费通过与会者轮流请客的形式解决，各位专家常有文章发表，故轮流"坐庄"，由新近获得稿费者"坐东"结账。1959 年，吕振羽在《历史研究》上发表《关于历史上的民族融合问题》，在《哲学研究》上发表《第二次国内革命战争时期历史哲学战线上的马克思主义与伪马克思主义的斗争——为纪念"五四"四十周年而作》等文章，1960 年，又在《历史研究》上发表《历史科学必须在毛泽东思想的基础上前进》等，有稿费入账，做东请客多次。

1961 年 7 月 23 日至 9 月 14 日，吕振羽和金灿然与其他 20 余位专家，受内蒙古自治区委员会第一书记、内蒙古自治区主席乌兰夫邀请，参加了由翦伯赞带队的全国民族历史研究指导委员会访问团，对内蒙古自治区进行了为期 22 天的深入访问。11 月，吕振羽与金灿然等人一同前往孔子的故乡参观访问，吕振羽为此赋诗二首，刊发在《山东文学》1963 年第 1 期：

诗二首

一、十一月四日与刘导生、金灿然、赵纪彬等同志自北京赴济南道中口占

> 驰车京沪道，时彦欣同群。
>
> 旭日耀金柳，远山接白云。
>
> 秋庄归囤满，春作备耕勤。
>
> 历下前边是，齐烟九点分。

二、重访济南感赋

一九三二年由张家口回北平，阅国民党反动政府北平行营拟逮捕之抗日同盟军人员名单中有我，乃以友人之助潜来济南，就大明湖图书馆钻研古史，于古陶、古泉方面得到该馆馆长、古陶泉专家王献唐氏教益不少。后阅国民党反动派一次禁书密令中，拙著《中日问题批判》一书，与署名瞿秋白著《中国往何处去？》、中译恩格斯《反杜林论》三书同列一纸，因于阅讯之当日，即潜

踪离济，亦未与献唐言别。此次重来，济南已成为我社会主义国家的名城之一，各方面均欣欣向荣，面目已完全改变，诚令人感奋。独是闻献唐已于去年逝世，追念旧游，亦有不禁戚然者。

> 投止历山忆旧年，腥风淫雨阴沉天。
>
> 周泉汉瓦资摩勘，剩水残山苦探研。
>
> 闻道禁书名在榜，为摆厂卫手空拳。
>
> 重来面目已全改，独念旧游已戚然。

1962 年 11 月 18 日至 26 日，吕振羽与金灿然、潘梓年、冯友兰等知名学者前往湖南长沙，参加"纪念王船山逝世二百七十周年学术讨论会"，1962 年第 12 期《江汉学报》在会后专门刊发《纪念王船山学术讨论会讨论的问题》一文，介绍了与会学者，及此次讨论会上重点讨论的问题。

1963 年 4 月，吕振羽在中共中央高级党校担任历史教研室顾问、历史学教授，他曾邀请金灿然到中共中央高级党校为党校理论班第一班"一九五九年班"学员，作了一次关于王船山研究情况的报告。当时吕振羽在时任中共中央党校校长杨献珍的支持下，除金灿然外，还邀请了 20 多位历史学家到中央党校给学员讲授历史课、作相关的学术报告，如范文澜、翦伯赞、侯外庐、吴晗、白寿彝、唐长孺、韩儒林、尹达、裴文中、郑天挺、邓广铭、汪篯、田余庆、杨向奎、翁独健、夏鼐、胡厚宣、柴德赓、张政烺、谭其骧、丁声树、聂崇岐、尚钺等，其中有不少人是古籍小组成员。这些史学专家的讲座，让党校学员增长了传统文化知识，扩大了视野，对提升他们的文化素养起到了非常重要的作用。

1963 年，吕振羽被拘，事关解放前受刘少奇委派与南京国民政府进行的国共合作谈判，自此，吕振羽和金灿然便失去了联系。1967 年 1 月，吕振羽被正式逮捕，关押在京郊监狱，直到 1979 年才被释放，得以洗清不白之冤。而这时金灿然已去世 7 年了。两人都留下了终生遗憾。

五、翦伯赞：学术知己

翦伯赞，1898 年出生。我国著名历史学家、社会活动家、教育家，中国马克思主义历史科学的重要奠基人之一。

翦伯赞是古籍小组成员，也是所谓"裴多菲俱乐部"成员，与金灿然是学术知己。金灿然支持翦伯赞许多"不太符合时宜"的学术思想和理论，并为其提供了一块得以发表言论的阵地。

1961 年 7 月，翦伯赞《对处理若干历史问题的初步意见》一文，发表于《古籍整理出版情况简报》上，这是此文第一次铅印发表。

《初步意见》一文是翦伯赞于 1961 年 4 月写成的，文章的基础是翦伯赞在审阅《中国史纲要》初稿时的批语。全文分为八个部分：一、如何处理历史上的阶级关系；二、如何处理历史上的民族关系；三、如何处理历史上的国际关系；四、怎样对待发展观点；五、怎样对待全面观点；六、人民群众与个别历史人物；七、政治、经济与文化；八、理论、史料与文章。这些问题都是当时史学界、学术界和高等学校教育中面对的重要问题，也是"左"的思潮的"重灾区"。此文通篇都贯穿着反对主观主义、教条主义、虚无主义、浮夸、浮躁等不正之风的精神，是驳斥史学领域"左"的思潮的炮弹。

这篇文章的观点，在当时有不少人反对。翦伯赞也有顾虑，知道逆风而行，后必有灾。但金灿然对该文十分赞赏，对翦伯赞一再鼓励和动员，该文才得以在《简报》上刊出。同年 8 月，这篇文章在内蒙古自治区翻印；11 月，《文科教材选编工作通讯》（内部刊物）第一期又登出；12 月 22 日，《光明日报》公开发表。此时，北京历史学年会正在举行，23 日，在吴晗会长的主持下，与会者对此文进行了大讨论。所有这些翻印或发表稿，都是以《古籍整理出版情况简报》刊出的文章为依据的。

翦伯赞的文章发表后，在学术界反响很大。

1959 年 1 月在北京召开的全国少数民族社会历史调查汇报会议，与会者对不少重要理论问题存在分歧，这些问题、分歧如果不解决，就会影响学术界对于少数民族社会历史的调查与研究以及对于民族关系史的研究。为澄清一些错误思想，翦伯赞撰写了《关于处理中国史上的民族关系问题》一文，文章主要谈了五个问题：一、民族平等与汉族在历史上起主导作用问题；二、民族同化与民族融合的问题；三、民族之间的战争与和平的问题；四、历史上各族劳动人民的友好往来问题；五、民族英雄问题。其中对第二个问题的认识，学术界内分歧最大，当时研究者在论述中国古代的民族关系时，尽量避免使用"同化"一词，而是使用"融合"。"例如有人把魏晋南北朝时期的民族同化说成是民族大融合，把辽金元时期的民族同化也说成是民族大融合。好像自古以来中国各族之间就只有相互融合，不曾有过落后部族或民族同化于先进民族的史实。"翦伯赞认为这样的观点不符合马克思主义。他在文章中写道："他们所说的'民族大融合'，其结局又往往是某些比较落后的部族或民族消失本部族或民族的特点，融合于汉族的汪洋大海中。像这样的情况，如果照列宁的说法，就不能说是融合，只能说是同化。"金灿然在前往伊金霍洛旗参加成吉思汗诞辰800周年纪念活动的途中，一直携带着《关于处理中国史上的民族关系问题》一文的清样，看完全文后，金灿然专门写了一封达两千多字的长信给翦伯赞："对于尊文中的大多数论点，我基本上同意，包括大家意见最多的民族同化问题在内。但也有几点补充意见，提出来供你参考。"金灿然在信中提出了自己的学术观点，"我认为，在中国历史上，强制同化和自然同化是交互进行的"，"一个民族被另一个民族同化了，并不意味着这一个民族的什么东西都消失了。它的某些方面，特别是文化生活方面的某些创造，常常保留下来，作为一份财产，投入大民族之中"。金灿然提出几点合理化建议后，还直言如果公开发表这篇文章，有的提法与措词希望翦伯赞最好能修改一下。翦伯赞的这篇文章后来刊登在《古籍整理出版情况简报》1962年第6号上，题目是《关于处理中国史上民族关系问题》。金灿然大胆支持翦伯赞的学术观点，翦伯赞对金灿然慧眼识珠也十分赞赏，把他引为知己。

六、宋云彬：莫逆之交

宋云彬，1897年出生。我国著名文史学者、杂文家、民主人士。新中国成立后历任出版总署编审局编辑、处长，人民教育出版社编辑、副总编辑，浙江省人民政协委员，浙江省文史馆馆长，浙江省政协副主席、文联主席，中华书局编辑等。

金灿然是山东人，个性耿直，说话从不拐弯抹角，偶尔也会发脾气，他在工作中严厉地批评过中华书局的党员同志，但了解金灿然性格的人都知道，金灿然只对那些在工作中出了错的干部发过脾气，对党外知识分子、学术专家不但没有说过重话、发过脾气，反而对他们特别尊重。金灿然对待宋云彬，就是这样。

1949 年 2 月，新中国成立前，一批民主人士从香港乘船、乘汽车北上，历经半个多月到达北平，宋云彬与柳亚子、郑振铎、叶圣陶等知名人士皆在其中。随后，宋云彬很快投入到新中国的文化建设工作中去——"为人民政府编纂中学教本"①。也就在此时，宋云彬与金灿然相识。金灿然当时从延安来到北平，为成立、组织教科书编审机构一事忙碌。1949 年 4 月 8 日，由陆定一、周扬牵头，拟参加编审教材工作的人员一起碰头，范文澜、叶圣陶、傅彬然、胡绳、孟超、孙起孟、叶蠖生、金灿然等人参加，商定成立的机构名称为"教科书编审委员会"，叶圣陶担任主任委员，副主任委员由周建人、胡绳担任。在中央人民政府成立前，隶属华北人民政府。随即，编审委员会便正式开始工作，每周开一次例会，宋云彬被分配到国文编写组。

当时的北平百废待兴，各界人士都在为新中国成立做准备，教材编审委员会这样新成立的机构更是白手起家、从头做起，工作人员来自解放区、香港以及北平本地，学历、资历差异较大，为便于更好地工作，编审委员会将工作人员的待遇由供给改为薪给。为此事，金灿然、宋云彬等共同商议讨论，最终决定按照北

---

① 《宋云彬日记》，中华书局 2016 年版，第 160 页。

平大学教授的标准给工作人员发放薪水，宋云彬在日记中记载"余可得小米千斤有奇"①。1949 年 11 月，华北人民政府教育部教科书编审委员会由刚成立的出版总署接收，更名为编审局第一处，仍然负责教科书的编审工作，金灿然和宋云彬的身份也转变为出版总署工作人员。

此后，金灿然和宋云彬共同参加、开展了很多工作，比如，他们曾与周建人等人一同乘车前往中山公园，听取华北人民政府董必武介绍国内外形势。1950 年 5 月 26 日，二人及出版总署的叶蠖生、王子野、胡绳、傅彬然等人，应丁玲的邀请，出席《文艺报》座谈会。二人与叶圣陶、魏建功等人，一起去中国科学院听罗常培所作的题为《斯大林论语言学问题与中国语言研究的联系》的报告。

金灿然曾与宋云彬发生过一点小误会。据宋云彬日记记载②，1950 年 2 月 13 日，宋云彬听人说起他所居住的八条寓所即将搬迁，新住址离工作单位路途较远，出行颇为不便，各方面条件据传言也不如八条寓所住的地点。宋云彬一直把金灿然当作朋友，认为朋友之间应该知无不言，言无不尽，而且此前二人关于诸多事宜都有很多交流和沟通。但这件事竟然不是从金灿然那里听到的，而是由旁人提及，而金灿然又正是负责此事的主要工作人员。这让宋云彬颇为不快，他在日记中写道："寓所迁否，任总务之金灿然从未与余言及。余骤闻此言（指听他人言及此事），大怒，即面责灿然，问以何故不事先洽商。"宋云彬性格直爽，所以才有他日记中写到的"面责灿然"。金灿然对此并没有表现出不快，而是积极妥善地处理此事，

---

① 《宋云彬日记》，中华书局 2016 年版，第 189 页。
② 《宋云彬日记》，中华书局 2016 年版，第 246 页。

并向宋云彬解释，如果大家都不主张搬迁，是可以不搬的。第二天，宋云彬从其他人那里得知前日"传言误也"，搬迁一事并没有最终确定，同住的一位同事还带他去看了离出版总署所在地东总布胡同较近的一处住宅，这让宋云彬放下心来。又过了一段时间，金灿然将这一问题基本解决后，专门找到宋云彬，对他说目前居住的八条宿舍仍将继续租住，为方便大家上下班还将安排班车往返。这件事情，宋云彬在日记中也有特别记载。从整件事也能看出，二人关系甚好，但金灿然在工作中还是将公事、私事分得很清，在处理矛盾的时候能够先顾全大局，但同时也会照顾到各位同人的情绪。金灿然的工作能力和方法，也可以说工作艺术，在此时已很成熟，这为他后来主政中华书局时，方方面面都能够照顾得妥善周全，打下了坚实基础。

1952 年，宋云彬选择离开北京，回到祖籍浙江省，担任浙江省文联主席、浙江省省文史馆馆长，为浙江省的文化发展做了大量工作。这期间，宋云彬与金灿然的联系并不多。1957 年，宋云彬被错划为"右派"。在他的日记里，1957 年多次出现的词汇有"写文章"、"学太极拳"、"《史记》"等，此前的"外出"、"开会"等词汇出现频率开始大幅度下降。之后省政协通知要拆掉他家中的电话，很快电话局便来人拆除，随后浙江省政协第 25 次常委会正式决定停止宋云彬的省政协副主席职务，很快他又被通知搬出当时的住所……在这种无法正常工作的情况下，宋云彬开始了自己的古籍整理工作，1958 年 2 月，他完成了《编纂〈史记集注〉计划》，开始着手校勘《史记》、写《史记札记》、译《商君列传》。宋云彬请人把《编纂〈史记集注〉计划》刻印了若干份，分别寄给叶圣陶、王伯祥、郑振铎、齐燕铭、傅彬然、金灿然、章雪村、徐调孚、陈乃乾、余纪一、黄先河、朱之光、朱宇苍、夏承焘、邵裴子、马一浮等30人。这份计划书的寄出，应该是宋云彬与金灿然重新联系上的一个重要契机，但宋云彬当时可能尚不知金灿然主政中华书局、担任古籍整理出版规划小组办公室主任。他在寄出30份计划书的一周后，收到叶圣陶的回函，并再寄去三份计划书，请叶圣陶"转交古籍整理出版规划小组历史分组及翦伯赞、胡绳两君"①。而此时的金灿然，1958年2月参加了古籍整理出版规划小组成立大会，担任古籍小组成员、古籍小组办公室主任，4月正式到职接手主管中华书局，正在紧锣密鼓物色古籍整理出版人才充实中华书局的编辑力量。金灿然对宋云彬的能力和为人是十分了解的，此时便将宋云彬列为重要的古籍整理出版人选，并决定将其从浙江调到中华书局工作。1958年金灿然与宋云彬二人作为"供""求"双方，恰到好处地不谋而合。

1958年7月25日，宋云彬在日记中记载："致函金灿然，告以我应绝对服从组织分配，前赴北京报到。前次信上所提种种问题，实为失当，现决定于下星期三或四先赴北京面洽一切，然后决定如何安置家眷等。"字里行间能看出宋云彬离杭赴京的急切心情。28日，宋云彬接到一份编号为［中华书局文字第76号］的正式公函：

云彬先生：

你给金灿然同志的信收到了，所问各点答复如下：

一、你来我局以后，工作完全要服从分配，至于《史记集

---

① 《宋云彬日记》，中华书局2016年版，第623页。

解》工作是否继续进行，也要看工作需要而定，目前很难作具体答复。

二、北京住房很挤，最多能分配到两间，你究竟带几口人来，请自行决定。你可以在九月份北来。

中华书局编辑部

一九五八、七、二三

收到中华书局的来函后，宋云彬心里踏实了很多，他随即取消了"下星期三或四"赴京的计划，并写信告诉相关亲朋好友，自己九月将"携眷赴京"。

宋云彬能够调到中华书局工作，金灿然是颇费了些功夫的，在调动宋云彬的过程中，金灿然还"挨了当时文化部某位领导人的批评"①。

9月13日下午，宋云彬携家眷到达北京。15日赴中华书局报到，见到金灿然，16日正式到中华书局上班，着手拟"二十四史"凡例，并开始就"二十四史"的整理问题与金灿然交流看法。这一阶段，宋云彬的日记中出现频率最高的词汇就是《史记》、"二十四史"和金灿然。宋云彬能调到中华书局工作，对金灿然心存感激。

这是宋云彬与金灿然的联系最紧密的一个时期。据宋云彬1958年日记记载：

9月26日，上午与金灿然谈《史记》标点问题，将顾颉刚

---

① 李侃：《齐燕铭与中华书局》，载中华书局编辑部编：《回忆中华书局》下编，中华书局1987年版，第10页。

所标点的和我所标点的式样各印样张一份，先寄聂崇岐等，然后定期开会讨论。《史记》原定年内出版，作为一九五九年新年献礼，但顾颉刚之标点问题甚多，改正需要甚长之时间，年内出版绝对不可能矣。

9月27日，写好标点样张交金灿然。

9月30日，下午，开会讨论标点《史记》问题。出席者：金灿然、张北辰、顾颉刚、聂崇岐、齐思和、傅彬然、陈乃乾、章雪村、姚绍华及余。余发言甚多。

10月16日，写成《关于标点〈史记〉及其三家注的若干问题》一文，凡七千言，并作致金灿然信，交姚绍华转呈。①

到1959年4月16日，宋云彬将《史记》一百三十卷全部点校完成。为了这项他热爱并投入巨大精力的工作，宋云彬每天晚上都工作到10点钟左右，甚至他记了多年的日记，中间都断了两个多月，可见标点《史记》工作之紧张。4月24日，宋云彬把《史记》目录及附录交给责任编辑赵守俨，剩下的收尾工作就是撰写《史记》的点校说明了。到5月17日宋云彬在日记中写道："点校《史记》（说明）脱稿，万六千言，甚惬意。"② 三天后的5月20日，金灿然即对宋云彬的《史记》点校说明提出了自己的意见，金灿然建议将一万六千多字的点校说明改为两篇，一部分为出版说明，一部分为点校说明。宋云彬改好后，金灿然非常满意。宋云彬1959年5月25日专门提及此事："赵守俨语余，金灿然对《史记》出版说明甚满意，嘱油印分送

---

① 《宋云彬日记》，中华书局2016年版，第657—658页。

② 《宋云彬日记》，中华书局2016年版，第682页。

专家提意见。"①

点校《史记》这段时间，是宋云彬忘记自己"右派"身份的一段时间，与金灿然及其他同事、专家打交道的过程，也让他很放松。宋云彬在 1959 年年初，曾写过一份《一个月来学习工作思想情况》的汇报，其中写道："我来北京三个多月，心情一直是愉快的，工作劲头也相当大。在工作方面（主要是标点《史记》）也感觉到尚能胜任。我一定要努力学习，努力工作，来加速自己的改造。希望党和群众严厉地监督我，鞭策我。"这与金灿然对宋云彬的敬重、友谊和支持有很大关系，金灿然似乎从未把宋云彬当作"右派"看待，甚至关于一些图书出版、规划制订等还会听取宋云彬的意见、建议。1960 年 2 月 2 日宋云彬日记记载："下午，齐燕铭来中华书局，金灿然命俞筱尧来邀余参加座谈。"②1962 年，金灿然专门请宋云彬给北京大学古典文献专业的学生讲授《史记》，从 9 月 3 日至 11 月 5 日，两个月的时间，每周授课半天。生活中金灿然对宋云彬也很关心。1961 年 10 月，中华书局搬往翠微路 2 号院，据宋云彬记载："分配给我们住的是一幢小洋房，是从前东洋人盖的。我看了非常满意"，"妻大兴奋，今夜肯定睡不好矣"，"金灿然及马宗霍夫妇来看我们的房子"。③分配给宋云彬居住的房子是一幢日式小别墅，一幢两户，两家居住，房前还有小院子，清净、悠然，中华书局当时只有资深、级别高的人才能住在这里。分到这样的住房，宋云彬及家人自然是十分满意的。

---

① 《宋云彬日记》，中华书局 2016 年版，第 684 页。
② 《宋云彬日记》，中华书局 2016 年版，第 696 页。
③ 《宋云彬日记》，中华书局 2016 年版，第 791—793 页。

　　宋云彬与金灿然的友谊，如果说前期是并肩战斗的战友，那么后期，则可谓莫逆之交了，为了"二十四史"的点校出版，二人顶住压力，苦中作乐，互相扶持，共同进步。

第十一章

余音与追念

　　1963 年 6 月，长期过度劳累、承受着巨大工作压力的金灿然，身体开始出现问题，视力急剧减退，经医院检查确诊为脑内肿瘤压迫视神经所致。在北京医院做开颅手术切除了肿瘤，恢复期间用放射线照射以促进伤口愈合。疗养一段时间后，金灿然感到自己基本痊愈，便又全身心投入到工作中。但不幸的是，一年后身体又出现严重不适，1965 年进行了第二次头部手术。① 这次手术虽然暂时解决了颅压过高造成的问题，但对金灿然的影响非常大，记忆力严重衰退，语言表达出现问题，行动能力也受到影响。雪上加霜的是，1966 年"文

_____

　　① 据金灿然的小儿子金培华回忆讲述。

革"开始，金灿然受到冲击，下放到湖北咸宁五七干校劳动改造。

1971 年 2 月，金灿然的爱人张苑香在北京去世，此时金灿然身体状况不佳，以至于生活基本不能自理，他听到爱人去世的消息，十分痛苦，却无法回家探望，只能把悲痛憋在心中。直到数月后，身体状况极其不好，才从五七干校被送回北京。1972 年 12 月的一天，金灿然独自外出，体力不支倒在北京西城区百万庄大街的街头，被人发现后送到医院。金灿然弥留之际，出版总署的老领导、老同事胡愈之、叶圣陶、杨东莼、刘导生、黄洛峰等人赶到医院看望他，无不感到心酸，唏嘘不已。

1972 年 12 月 12 日，金灿然永远地离开了这个世界，享年 59 岁。

中华书局的同人顶着压力，在八宝山为金灿然举行了追悼会。讣告由中华书局总编室主任俞筱尧直接送上级领导签字，才得以发送出去。金灿然的生前好友，古籍整理出版规划小组成员，出版界、学术界友好等，赶到八宝山送了金灿然最后一程。

"文革"结束前，金灿然这个名字鲜有人提及。"文革"结束后，出版环境、出版条件、出版人员变化很大，不单是外界，就连中华书局内部，除了若干老编辑外，了解金灿然的人也不多了。但是，金灿然没有被历史忘记。

一、回忆文章

多年来，纪念金灿然的文章陆续刊出，这些文章基本都是金灿然生前好友、同事所撰，他们带着真挚的情感回忆他、怀念他。如俞筱尧的《金灿然同志对古籍整理出版事业的卓越贡献》、《金灿然和中华书局》、《为出版事业奋斗终生的忠诚战士——怀念金灿然同志》、《金灿然和古籍整理出版》、《金灿然同志，我们永远怀念你!》，邓广铭《追怀中华书局总编辑金灿然同志》，郭预衡《怀念灿然同志》，李侃《回忆灿然同志》、《漫忆金灿然》，张传玺《一代史学家与出版家的革命情谊——记翦伯赞与金灿然的交往》，王春《以诚待士三十年——一个政治工作者的回顾》，何双生《为古籍出版事业鞠躬尽瘁的金灿然》，杨天石《金灿然与拙著〈南社〉的出版》，另外还有金培华、田伟青《追忆我的父亲金灿然》等。

这些文章，生动再现了金灿然的形象，记录了金灿然的工作状态，展示了金灿然对古籍整理出版工作的热爱，再现了金灿然对出版人才的尊重和爱惜，讲述了金灿然对学术理想的追求，总结了金灿然对古籍整理出版工作作出的贡献。

二、灿然书屋

坐落在北京王府井大街的灿然书屋，曾是中华书局的读者服务部。2004 年，中华书局为纪念金灿然，将读者服务部更名为"灿然书屋"。"灿然书屋"四个大字为著名书法家启功手迹。启功先生与中华书局渊源颇深，是中华书局的老朋友、老作者、老员工，他的字自然洒脱、清隽儒雅、外柔内刚。

1971 年，59 岁的启功到中华书局参与点校整理"二十四史"与《清史稿》，与王锺翰等人负责《清史稿》的校勘、注释、标点工作。尽管当时金灿然的身体状况已经很不好了，但二人的交情是很深厚的。在中华书局的工作使启功避开了"文化大革命"的政治洪流，找到了一张平静的书桌，这段经历让启功极其难忘。中华书局2012年出版的《启功日记》，就记述了这一段历史。70年代初，启功即开始为中华书局出版的图书题签，直至2005年他去世，30多年的时间里，他是为中华书局版图书题签最多的人。

1973年春，"二十四史"和《清史稿》点校组部分学者与中华书局工作人员在北京王府井大街36号中华书局合影，照片上的姓名是启功标注的。这张照片是有关"二十四史"整理最经典的照片之一。遗憾的是，金灿然在前一年的冬天，病逝于寒冷的北京。

目前灿然书屋销售中华书局的全品种图书以及上海古籍出版社、人民文学出版社、凤凰出版社、天津古籍出版社等全国30余家专业古籍出版社的图书。每当读者步入这家书屋，听到关于金灿然的历史，无不为之动容，肃然起敬。

三、入选"新中国60年百名优秀出版人物"

2009年，金灿然入选"新中国60年百名优秀出版人物"。

"新中国60年百名优秀出版人物"评选活动，是由中国出版工作者协会和韬奋基金会，联合中国出版科学研究所、中国出版集团、中国印刷技术协会、光明日报社、中国新闻出版报社、中国图书商报社、中华读书报社、《人物》杂志社、新浪网等单位共同举办的，候选人名单和简要事迹在《光明日报》、《中国新闻出版报》等媒体上进行公布，由广大读者和专家进行投票评选，活动最终由活动组委会和新闻出版总署（现国家新闻出版署）审定，评选出"新中国 60 年杰出出版家"和"新中国 60 年百名优秀出版人物"。

候选人事迹中，是这样介绍金灿然的：

金灿然（1913—1972） 山东鱼台人。中华书局原总经理兼总编辑。1920—1932 年在山东鱼台、济宁和济南等地上学。1936 年考入北京大学历史系。1938 年 4 月到延安，在抗日军政大学学习；9 月参加中国共产党。解放战争时期，任晋绥解放区绥南地委宣传部长、绥蒙区党委宣传科长等职。1948 年冬至 1949 年初在中共中央宣传部工作。1949 年夏至 1958 年初，在华北人民政府教科书编审委员会、人民教育出版社、中央人民政府出版总署编审局、中华人民共和国文化部等单位工作，历任秘书主任、副司（局）长、局长等职。曾主编《人民日报》副刊"图书评论"。1958 年任中华书局总经理兼总编辑。其间，主持"二十四史"、《资治通鉴》、《册府元龟》、《永乐大典》、《全上古三代秦汉三国六朝文》、《文苑英华》、《全唐诗》、《全宋词》等书的校点整理或影印出版。1959 年，金灿然等倡议筹备在北京大学中文系创办古典文献专业，得到教育部的支持。著有《苏维埃运动史》等，还协助范文澜撰写了《中国通史简编》等。

这段 400 余字的事迹介绍，十分概括和简约。尽管如此，但却可以从中看出金灿然的人生轨迹以及他对新中国出版事业的巨大贡献。金灿然的入选是当之无愧的。

金灿然编辑出版大事年表

1913 年

3 月 11 日，出生于山东省济宁市鱼台县，原名金心声。

1935 年　22 岁

到北平，在《华北日报》担任校对。

1936 年　23 岁

考入北京大学历史系。

1937 年　24 岁

卢沟桥事变后，北京大学南迁，金灿然和同学一起离开北京南下。11 月 1 日，北京大学、清华大学和南开大学在长沙组建的临时大学开学，金灿然在历史社会学系就读。12 月，通过山西民族革命大学的入学考试，从长沙经武汉，到临汾继续学习。

1938 年　25 岁

　　2 月，临汾被日军占领，金灿然与陈实、李炜、戈新、孙哲等人一起奔赴延安。4 月，辗转到达延安，入瓦窑堡中国人民抗日军政大学一大队学习。9 月，加入中国共产党。

1939 年　26 岁

　　从瓦窑堡中国人民抗日军政大学毕业，入马列学院学习。

1940 年　27 岁

　　从马列学院毕业，留马列学院历史研究室工作，后任研究员。期间，与范文澜等人一起编写《中国通史简编》、《中级国文选》，范文澜称金灿然所承担的部分"写得最好"。

1941 年　28 岁

　　1941 年 7 月，马列学院更名为中共中央研究院，金灿然在历史研究室从事研究工作。

　　同年发表《鲁迅与国故》，载于《鲁迅研究丛刊》第一辑，"鲁迅文化出版社学术丛刊"（1 月）；《中国历史学的简单回顾与展望》，载于 11 月 20—22 日《解放日报》；《〈中国通史简编〉是怎样写成的》，载于 12 月 13 日、14 日《解放日报》。

1942 年　29 岁

　　在中共中央研究院历史研究室制订的三年研究计划中，金灿然被分入民族组，负责民族史研究。

　　同年发表《读实味同志的〈政治家·艺术家〉后》，载于 5 月 26 日《解放日报》；《论忘我的境界——借吴伯萧同志的题目就商于吴伯萧同志》，载于 6 月 13 日《解放日报》;《间隔——何诗与吴评》,载于 7 月 2 日《解放日报》;《〈屈原〉为什么"成问题"》,载于 7 月 11 日《解放日报》;《论杂文》,载于 7 月 25 日《解放日报》。

1945 年　32 岁

11 月,离开延安奔赴绥蒙地区,担任中共绥南地委宣传部部长。

同年发表《论〈三打祝家庄〉》,载于 3 月 29 日、30 日《解放日报》。

1947 年　34 岁

与范文澜等人编写的《中国通史简编》,由上海新知书店出版。

1948 年　35 岁

3 月,绥蒙区党委决定取消绥南地委,地县合并,调回绥蒙区党委。第四季度调到中共中央宣传部工作。

1949 年　36 岁

先后到华北人民政府教科书编审委员会、中央人民政府出版总署工作。11 月,金灿然与出版总署其他同志,组织上海出版界的主要人员组成参观团,前往东北、华北等地访问。12 月,前往南京参加接收国立编译馆工作。

1950 年　37 岁

2 月 18 日,与张苑香结婚。9 月,筹备、参加中央人民政府出版总署召开的第一届全国出版会议。5 月至 12 月,主编《人民日报》副刊《图书评论》。12 月 1 日,人民教育出版社正式成立,担任副总编辑。

同年发表《略谈初中语文教材的思想标准》,载于《人民教育》1950 年第 4 期;《中学地理教本中的几个政治思想问题》,载于 5 月 3 日《人民日报》；《反对对人民不负责任的出版者——评"时代百科小丛书"》，载于 5 月 17 日《人民日报》；《旧中国的殖民地、半殖民地、半封建社会》，载于《学习》 1950 年第 3 卷第 10 期。

1951 年　38 岁

10 月 12 日，参加《毛泽东选集》出版庆祝会。

同年所编选的《叶圣陶选集》由开明书店出版。

1952 年　39 岁

担任出版总署出版管理局副局长，管理全国出版计划、出版物审读、版本收藏及全国出版业的指导等工作。7 月，在第二届全国教科书出版会议上作《关于教科书出版的经营和定价问题》的报告。

同年撰写的《旧中国的殖民地、半殖民地、半封建社会》，收入《新民主主义论参考资料》（1951 年中原大学编）。

1953 年　40 岁

3 月 30 日，与苏联国际图书公司北京分公司的兹米乌尔就有关出版情况进行会谈。

1954 年　41 岁

1 月 22 日，参加出版总署第 110 次署务会议，讨论《关于国营、地方国营、公私合营报社、杂志社、出版社经营管理的若干规定（草案）》等工作。1 月 28 日，被指派为商务印书馆、中华书局的公方董事。5 月，被聘为中国科学院历史研究所第三所学术委员会委员。12 月，被推选为新华地图社董事会公方董事，任董事长。

同年发表《介绍五本政治教科书》，载于《中国青年》第 13 期。

1955 年　42 岁

发表《出版发行工作应当积极为农业合作化运动的高潮服务》，载于《读书月报》第 2 期。

1956 年　43 岁

9 月 30 日至 11 月 26 日，文化部组织中国出版界相关人员到苏联进行为期一个半月的参观访问，担任访问团团长。12 月 3 日至 12 日，参加在柏林召开的社会主义国家出版工作会议筹备委员会议。12 月 30 日撰写《关于参加社会主义国家出版会议筹备委员会的报告》。

同年发表《供应农民文化食粮》，载于 2 月 17 日《人民日报》；《怎样学习祖国的历史》，载于《读书月报》第 8 期。

1957 年　44 岁

3 月 16 日，周恩来总理在办公室听取金灿然关于中缅边境的历史地理情况的汇报。

1958 年　45 岁

2 月，国务院古籍整理出版规划小组成立，担任古籍小组成员兼办公室主任。4 月，担任中华书局总经理、总编辑，任职期间，主持和组织了许多经典古籍的整理出版工作，如"二十四史"、《册府元龟》、《永乐大典》、《全上古三代秦汉三国六朝文》、《文苑英华》、《全唐诗》、《全宋词》等，以及一批专家学者论著的出版，在国内外学术界产生较大影响。6 月完成《整理和出版古籍计划草案》的制订。12 月，创办《古籍整理出版情况简报》（创刊名为《古籍整理出版动态》）。提出"人弃我取，乘时进用"的用人方针，下半年开始，在金灿然的积极努力下，中华书局陆续调进一批被错划为"右派分子"或被错定为"内控对象"的专家学者。

1959 年　46 岁

5 月 1 日，金灿然偕同中华书局的潘达人、陈乃乾，一同拜访古籍小组成员、知名专家陈垣。倡议筹备在北京大学中文系开办古典文献专业，以培养年轻一代古籍整理研究人才，9 月，开始招生。

同年发表《谈谈古典文献整理与出版的问题》，载于 8 月 5 日《人民日报》。

1960 年　47 岁

10 月，主持制订的《三年至八年（1960—1967）整理和出版古籍的重点规划（草案）》完成。11 月 24 日至 12 月 13 日，参加中国科学院哲学社会科学部第三次扩大会议。

1961 年　48 岁

5 月 14 日，与人民文学出版社、中华书局上海编辑所就古籍出版分工原则进行会谈。5 月，参加"纪念太平天国 110 周年学术讨论会"。7 月 23 日至 9 月 14 日，应内蒙古自治区主席乌兰夫邀请，作为中央民族历史研究工作指导委员会一员，参观内蒙古自治区，进行学术交流。10 月，金灿然申请到西郊翠微路 2 号院作为中华书局的办公场所，全体员工从东城区东总布胡同搬迁至此。

1962 年　49 岁

3 月，组织制定中华书局《关于书籍稿酬的暂行规定》。6 月 22 日至 29 日，参加内蒙古自治区历史学会在呼和浩特举行的纪念成吉思汗诞生 800 周年蒙古史科学讨论会。10 月，金灿然与吴晗组织编辑出版的"中国历史小丛书"出版 100 种，中华书局在人民大会堂召开丛书编委扩大会议暨庆祝大会。11 月 6 日至 12 日，参加由山东历史学会、山东历史研究所主办的孔子学术讨论会。11 月 18 至 26 日，参加"纪念王船山逝世 270 周年"学术讨论会。

同年，在中华书局创办《文史》杂志，与吴晗、冯定、何其芳、吉伟青组成编辑委员会，组织起草中华书局《关于新出古籍的发行办法》。

1963 年 50 岁

4月，到中共中央高级党校为党校理论班第一班作了关于王船山研究情况的报告。同年 6 月，金灿然积劳成疾，患脑部肿瘤住院切除。期间，仍坚持过问重要书籍的整理、出版情况，定时听取工作汇报。

1964 年 51 岁

10月，古籍整理出版规划小组组长、小组成员齐燕铭调离文化部，古籍小组工作陷于停顿。

同年，编撰的《介绍学术界讨论孔子和王船山的一些情况》，由中共中央高级党校历史教研室汇编出版。

1966 年 53 岁

"文化大革命"爆发，中华书局停止业务工作，金灿然参加政治学习。金灿然调集到中华书局参加点校"二十四史"的专家陆续返回原单位。

1967 年 54 岁

5月12日，在日记中写道："上午九时开会，念标点'二十四史'的人员的分配，我被分到北朝组。"

1969 年 56 岁

下放到湖北咸宁五七干校。

1972 年　59 岁

7 月 10 日，从五七干校回到北京。12 月 12 日，病逝于北京。

参考文献

陈智超编注：《陈垣来往书信集》（增订本），生活·读书·新知三联书店 2010 年版。

古籍整理出版小组编：《1949—1981 古籍整理编目》，中华书局 1981 年版。

金冲及主编：《周恩来传（1898—1976）》，中央文献出版社 2008 年版。

李侃：《芳古集》，广西人民出版社 1999 年版。

李侃：《李侃史学随笔选》，中华书局 2008 年版。

刘茂林、叶桂生：《吕振羽评传》，社会科学文献出版社 1990 年版。

《毛泽东选集》，人民出版社 1991 年版。

《毛泽东文集》，人民出版社 1993 年版。

缪咏禾：《中国出版通史》，中国书籍出版社 2008 年版。

南京市地方志编纂委员会、南京市档案志编纂委员会编：《南京档案志》，方志出版社 1996 年版。

齐翔延、齐翔安：《我的父亲齐燕铭》，文物出版社 2008 年版。

全国古籍整理出版规划领导小组编：《功在千秋的事业——新中国古籍

整理出版成就》，中华书局 2003 年版。

商金林编：《叶圣陶年谱》，江苏教育出版社 1986 年版。

《宋云彬日记》，中华书局 2016 年版。

王玉璞、朱薇编：《刘大年来往书信选》，中央文献出版社 2006 年版。

西南联大北京校友会编：《国立西南联合大学校史——1937 至 1946 年的北大、清华、南开》，北京大学出版社 1996 年版。

叶至善、叶至美、叶至诚编：《叶圣陶集》，江苏教育出版社 1994 年版。

俞筱尧：《书林随缘录》（增订本），中华书局 2007 年版。

张传玺：《翦伯赞传》，北京大学出版社 1998 年版。

张政烺：《张政烺文史论集》，中华书局 2004 年版。

中国出版科学研究所、中央档案馆编：《中华人民共和国出版史料》（1—15），中国书籍出版社 1995—2013 年版。

中国第二历史档案馆、《中国抗日战争大辞典》编写组编：《中国抗日战争大辞典》，湖北教育出版社 1995 年版。

中华书局编辑部编：《古籍整理出版情况简报》，1958 年—1962 年。

中华书局编辑部编：《回忆中华书局》，中华书局 1987 年版。

中华书局编辑部编：《岁月书香》，中华书局 2012 年版。

中华书局编辑部编：《我与中华书局》，中华书局 2002 年版。

中华书局编辑部编：《中华书局百年大事记（1912—2011）》，中华书局 2012 年版。

后　记

　　近年来，我饶有兴趣地从事着与古籍出版相关的工作，并陆续在《光明日报》、《中华读书报》、《出版史料》等报刊上发表了若干篇关于我国第一届古籍整理出版规划小组成员的文章，其中包括陈寅恪、陈垣、齐燕铭、叶圣陶、郑振铎、何其芳、吴晗、罗常培、金兆梓、徐森玉、杜国庠等人。在关注这些古籍小组成员、被他们对古籍的热爱所感动的同时，我一直在思考着如何"贯通"的问题，也就是如何把这些取得过辉煌成绩的知名专家置于大的历史背景下，将他们的人生命运与古籍出版工作联系起来，真实生动地反映出我国古籍整理出版事业的发展历程。

　　2016年5月，《光明日报》刊发了我撰写的《金灿然：割舍不下的古籍情结》一文后，机缘巧合，此时人民出版社正在为"中国出版家丛书"物色作者，希望我能写写金灿然。虽然知道难度很大，但我还是答应了——我想这正是"贯通"的一个契机。因为金灿然与几乎每一位古籍整理出版规划小组成员（第一届）都熟悉到可以做朋友，更因为金灿然是中华人民共和国成立后我国大力发展古籍整理出版事业的中坚力量。我希望能够以他作纽带，把有关古籍整理方方面面的人和事串联起来，从而勾画出我国古籍整理出版事业的一个概貌。

金灿然是在1958年担任古籍整理出版规划小组成员、古籍整理出版规划小组办公室主任的，他调离了出版总署，开始主政历史悠久但几经波折的中华书局。也是在这一年，中华书局的业务分工经文化部调整，成为一家专业古籍出版社，出版方针和计划接受古籍小组指导，并成为古籍小组的办事机构。这一系列的调整和安排，有着划时代的意义，我国古籍整理出版事业的春天随之到来。这一年，是我国古籍整理出版事业的一座里程碑，其历史意义不言而喻。

自1958年至1971年，金灿然主政中华书局14年。这14年，是不平静的14年，金灿然与中华书局的同人们风雨兼程，砥砺前行，开创了中华人民共和国成立后古籍整理出版的新局面，创造了那个时代古籍整理出版的高峰。他重视古籍整理出版规划的制订，爱惜古籍整理出版人才，团结一切能团结的作者，视古籍图书质量为生命，在生命的尽头还关心着古籍图书的出版……

然而，与金灿然有关的历史档案、文献资料严重缺失。这一方面与金灿然全身心投入工作有关，他发表的文章和专著并不多，他的出版理论和思想都体现在他兢兢业业的工作之中；另一方面与我国20世纪60年代的大环境有关。写金灿然很难避开当时特殊的历史背景，所以写起来颇费踌躇。我在本书的写作过程中，不断经历着缺少资料的困扰和找到资料的欣喜之间的交替，当然，这同时也让我更加深入地思考了许多问题。这样一个过程，使我了解了金灿然在新中国成立前，即与范文澜、齐燕铭、吕振羽等人在延安相识、相知；在新中国成立后，不仅与叶圣陶、吴晗、陈垣、翦伯赞等成为革命战友、学术知己，而且还与众多不同年龄段的古籍专家、学者成为好友。可以说金灿然把出版界、学术界的专家，紧密地团结在中华书局周围。这一批心无旁骛热爱着古籍整理事业的专家、学者，形成一股合力，创造、书写了新中国古籍整理出版事业的历史。

我用一年的时间努力去了解金灿然的一生，这是一个心灵努力去接近、了解、理解另一个心灵的过程，但一年的时间太过短暂，而对方的心灵又太过丰富而美好，我越是靠近越是感到遥远，至今我依然不敢说我很了解金灿然。我清醒地意识到，距离我理想中真正的"贯通"，还有很远的一段路要走——还有很多历史资料有待挖掘，还有很多专家需要关注。但，千里之行始于足下，哪怕迈出一小步，对我所热爱的古籍整理出版事业多一分了解、多一分挖掘，我都深感荣幸与欣喜，我将为之不懈努力。

书稿写作过程中，遇到的困难超出了我最初的想象。我要特别感谢金培华先生。金培华是金灿然的小儿子，他向我讲述了一个生动、形象、真实的金灿然，让我头脑中的金灿然形象一下子就鲜活起来。金培华先生还将他手中保存的所有金灿然的照片都扫描后发给了我，绝大部分未曾公之于世，这极大地丰富了本书的内容，提高了本书的价值。金培华先生对我说，希望我能"真实记载那个将要被遗忘的时代发生的故事"。我很忐忑的一点就是，努力了，但真正能做到几分？这就要金培华先生和广大读者去评判了。书中存在的错讹、疏漏之处，也要请金培华先生和广大读者海涵。

我还要特别感谢中央文史研究馆馆员、中华书局原副总编辑程毅中先生。程先生1958年12月到中华书局工作，与金灿然共事十余年，对金灿然有着特别的感情。因此，我在接受本书写作之初，便请程先生对写作提纲进行把关；书稿完成后，又请程先生审阅。程先生以 88 岁高龄，在炎炎夏日审读了书稿的全部文字，对书稿提出了许多宝贵意见，所做修改皆为点石成金之笔，所提供的珍贵资料极大提升了本书的史料价值。

感谢中华书局领导的大力支持，感谢给我提出意见、建议的家人、朋友，感谢和我一起交流探讨中华书局局史、金灿然生平的同事，感谢所有帮助过我的人。

2017 年 12 月 12 日于北京市西城区白纸坊西街
2018 年 2 月 16 日改于云南省昆明市西山区滇池路

统　　筹：贺　畅

责任编辑：卓　然

封面设计：肖　辉　姚　菲

版式设计：汪　莹

图书在版编目（CIP）数据

中国出版家. 金灿然／齐浣心 著 .—北京：人民出版社，2018.10
（中国出版家丛书／柳斌杰主编）
ISBN 978－7－01－019366－3

I.①中…　II.①齐…　III.①金灿然－生平事迹　IV.① K825.42

中国版本图书馆 CIP 数据核字（2018）第 101360 号

中国出版家 · 金灿然

ZHONGGUO CHUBANJIA JIN CANRAN

齐浣心　著

人民出版社 出版发行

（100706　北京市东城区隆福寺街 99 号）

北京盛通印刷股份有限公司印刷　新华书店经销

2018 年 10 月第 1 版　2018 年 10 月北京第 1 次印刷
开本：710 毫米 × 1000 毫米 1/16　印张：15.75
字数：180 千字

ISBN 978－7－01－019366－3　定价：61.00 元

邮购地址 100706　北京市东城区隆福寺街 99 号
人民东方图书销售中心　电话：（010）65250042　65289539